民國文存

65

法蘭西大革命史

常乃悳 著

知識產權出版社

《法蘭西大革命史》分26章，記錄自1789年三級會議召開至1804年拿破崙稱帝期間法國大革命史，著重描述這一時期各黨派的政治鬥爭。對於大革命的爆發強調了其經濟因素，書末附法蘭西革命年表。由於作者的寫作目的是為青年學生提供參考書，故較為簡略。

本書適合對法國歷史有興趣者及相關研究者閱讀使用。

責任編輯：劉　江　　**責任校對**：韓秀天　　**動態排版**：賀　天

特約編輯：李蘭芳　　**責任出版**：劉譯文

圖書在版編目（CIP）數據

法蘭西大革命史/常乃悳著.—北京：知識產權出版社，2014.8

（民國文存）

ISBN 978-7-5130-2896-7

Ⅰ.①法…　Ⅱ.①常…　Ⅲ.①法國大革命－研究　Ⅳ.①K565.41

中國版本圖書館 CIP 數據核字（2014）第 185653 號

法蘭西大革命史

Falanxi Dageming shi

常乃悳　著

出版發行：知識產權出版社 有限責任公司

社　址：	北京市海澱區馬甸南村 1 號	**郵　編**：	100088
網　址：	http://www.ipph.cn	**郵　箱**：	bjb@cnipr.com
發行電話：	010-82000860 轉 8101/8102	**傳　真**：	010-82005070/82000893
責編電話：	010-82000860 轉 8344	**責編郵箱**：	liujiang@cnipr.com
印　刷：	保定市中畫美凱印刷有限公司	**經　銷**：	新華書店及相關銷售網站
開　本：	720 mm×960mm　1/16	**印　張**：	9.5
版　次：	2014 年 9 月第一版	**印　次**：	2014 年 9 月第一次印刷
字　數：	113 千字	**定　價**：	36.00 元

ISBN 978-7-5130-2896-7

民國文存

（第一輯）

出版前言

民國時期，社會動亂不息，內憂外患交加，但中國的學術界卻大放異彩，文人學者輩出，名著佳作迭現。在炮火連天的歲月，深受中國傳統文化浸潤的知識份子，承當著西方文化的衝擊，內心洋溢著對古今中外文化的熱愛，他們窮其一生，潛心研究，著書立說。歲月的流逝、現實的苦樂、深刻的思考、智慧的光芒均流淌於他們的字裡行間，也呈現於那些細緻翔實的圖表中。在書籍紛呈的今天，再次翻開他們的作品，我們仍能清晰地體悟到當年那些知識分子發自內心的真誠，蘊藏著對國家的憂慮，對知識的熱愛，對真理的追求，對人生幸福的嚮往。這些著作，可謂是中華歷史文化長河中的珍寶。

民國圖書，有不少在新中國成立前就經過了多次再版，備受時人稱道。許多觀點在近一百年後的今天，仍可說是真知灼見。眾作者在經、史、子、集諸方面的建樹成為中國學術研究的重要里程碑。蔡元培、章太炎、陳柱、呂思勉、錢基博等人的學術研究今天仍為學者們津津樂道；魯迅、周作人、沈從文、丁玲、梁遇春、李健吾等人的文學創作以及傅抱石、豐子愷、徐悲鴻、陳從周等人的藝術創想，無一不是首屈一指的大家名作。然而這些凝結著汗水與心血的作品，有的已經罹於戰火，有的僅存數本，成為圖書館裡備受愛護的珍本，或成為古玩市場裡待價而沽的商品，讀者很少有隨手翻閱的機會。

鑑此，為整理保存中華民族文化瑰寶，本社從民國書海裡，精心挑出了一批集學術性與可讀性於一體的作品予以整理出版，以饗讀者。這些書，包括政治、經濟、法律、教育、文學、史學、哲學、藝術、科普、傳記十類，綜之為《民國文存》。每一類，首選大家名作，尤其是對一些自新中國成立以后沒有再版的名家著作投入了大量精力進行整理。在版式方面有所權衡，基本採用化豎為横、保持繁體的形式，標點符號則用現行規範予以替換，一者考慮了民國繁體文字可以呈現當時的語言文字風貌，二者顧及今人從左至右的閱讀習慣，以方便讀者翻閱，使這些書能真正走入大眾。然而，由於所選書籍品種較多，涉及的學科頗為廣泛，限於編者的力量，不免有所脫誤遺漏及不妥當之處，望讀者予以指正。

目錄

第一章　大革命的原因

在人類歷史上劃了一條界線的一七八九年的法蘭西大革命，內則一掃封建的積弊，樹立了民主政治的基礎，外則喚起了歐陸各民族的國家意識的覺醒，爲此後世界革命自決風雲之發端。他的精神不止影響到歐洲的白色民族，歐洲以外的他洲國家，白種人以外的各色民族，一切對內對外的改革，可以說都是法國大革命的精神喚起的。這樣偉大的世界潮流，在革命尚未成功的中國，不是更有值得注意研究的必要嗎？

法蘭西大革命不是平空爆發的，不是幾個人煽動的力量，他的原因很多，大致可分爲以下數種：

一，階級的懸隔和權利義務的顛倒；

二，行政司法之不統一及紊亂；

三，經濟發展的障礙；

四，啓蒙文學的思想運動之發達；

五，受美國獨立之刺激；

六，財政困難的迫切。

以上是法國大革命的主要原因。

關於第一點，在當時歐洲是普遍的現象。中古的封建制度，到十八世紀末年仍然沒有打倒。法國雖然是君權較强的國家，但貴族及僧侶的特權仍未減少。這些貴族僧侶們自恃有社會上高級的地位，對於平民輕蔑、賤視，無所不用其極，聰明才智之士衹因出身微賤遂不得不屈服於紈絝子弟之下，不平之氣由來已久。當時法國尚是農業本位的國家，全國土地五分之一屬於王室，五分之一屬於貴族，五分之一爲教會產業，而佔全國人口二十分之十九的平民不過保有五分之二的土地，而這五分之二土地之中，又爲少數中流階級的市民佔去一半，大多數的農民不過僅剩五分之一的土地而已。貴族和僧侶門[1]擁產旣多，而對於國家的負擔却很輕微。國家租稅之大部係向平民榨取而來。平民不但須向國家納稅並因中古封建的積習，對於其領域內之貴族也還負有重重的義務，因此他們的生計非常之苦。當時的社會，不但貴族與平民之間顯分階級，卽貴族與貴族因爵位的高低、平民與平民因職業的不同，也互存歧視。這種不自然的社會關繫之下，自然會一觸卽發了。

當時的行政和司法也很紊亂。中央行政各機關的權限不分明，故時有矛盾衝突之病。地方則因習慣不同而各異其制度。加以封建餘毒尙存，中央政府號令實際不能普及於全國，各地方尙有反對中央派遣行政官吏者。司法權也不統一，王與貴族互爭司法裁判之權。當時最高的法院名叫帕力門 (Parlement)，時時濫用職權干涉行政事務。官吏們在這種紊亂的情形之下，自然任意舞弊，苛索平民。甚至由法院私發賣一種空白的逮捕狀 (Lettre de Cachet)，得之者可以私自將人名填入，便可逮捕。貴族們往往利用此狀，私自迫害他的怨家。

貴族本都是從軍功出身，故雖擁有多數土地而不知經營，一任管理人之處置，自身却逍遙於都會之內，而代他耕地的長工，既非自已的土地，當然也無意去努力開發。一般平民因賦役之繁重，更無進取之力。又因法律規定貴族之世襲财產不能讓度於他人，因此有實際經

[1] “門”當爲“們”。——編者註

營之才者，無所憑藉。法國農業因此無法發達。至於工商業在路易十四（Louis XIV, 1638~1715）時代雖因採用保護貿易政策之故，一時頗獲其益，但後來保護變爲干涉束縛，反礙自由競爭。各業之間因有狹隘的組合制度，故彼此嫉妬殊深，不能合作。各省各縣各市村都有內地稅關，層層剝削，商民也大受其苦，經濟因此不能自由發展。

當十七世紀中年，英國經一六八八年的名譽革命[1]（Glorious Revolution）以後，已進入了憲政的軌道，給歐洲大陸一個好榜樣。在君主萬能政治下的法國人尤容易受刺激。於是有了啓蒙文學的運動。這個運動以一七五〇年爲界線，可劃分爲前後兩時代。前期啓蒙文學尙帶有貴族的色彩，其時貴族們爭以解放禮教束縛，趨於享樂主義爲標幟。當時的哲學家福祿特爾（Voltaire, 1694~1778）雖極端諷刺當時貴族僧侶的腐敗情形，而却仍存尊王的思想，並且相信有神。孟特斯鳩[2]（Montesquieu, 1689~1755）則反對君主萬能而歌頌貴族的寡頭政治，並誤解英吉利的政治而創三權分立之說。這是前期啟蒙運動的情形。到了十八世紀後半，風潮漸漸擴大，平民漸次抬頭，對於君主、貴族及僧侶無不加以攻擊，無神論大爲流行。因爲推倒宗教信仰的結果，純粹理學遂勃興，以爲萬事萬物都有原理法則支配，結果陷於空想的演繹論。後來大革命之空想的真理教思想，卽由此時代養成。盧梭（Jean Jacques Roussean, 1712~1778）就是這時代的代表之一。

正是啓蒙文學隆盛之際，北美洲合衆國的獨立運動忽然爆發。美國的獨立本是因爲《航海條例》及課稅等經濟理由而發起的，在好空想的法國人看來，却以爲是爲自由平等而戰，因此不禁寄以同情。當

❶ 今作“光榮革命”。——編者註

❷ 今作“孟德斯鳩”。——編者註

時法國政府因爲想摧折英人在美洲的勢力，因此頗幫助美國的運動。不料美國成功之後，轉影響於本國的内政。

以上五種原因，都不過是間接的促成大革命之出現而已，大革命爆發的直接原因，乃是由於當時極困難的財政問題。因爲當時租稅的不平均、產業的落後，政府收入當然不能增加。而支出方面則因文明進步及國際關係複雜之結果，不得不較前增加。加以路易十四以來多年對外戰爭，弄得民窮財盡，宮庭的浪費及恩賜年金之濫支，財政越發失了常軌。因此感到根本整理財政之必要，而社會革新的氣運也隨之而起。

這時候法國的王位落在一個少年君主路易十六（Louis XVI, 1754~1793）手裏。他的祖父路易十四時代，國勢之隆達於極點，但窮兵黷武，窮奢極欲，已種下大亂的禍根。他死之後，人民舉盃相慶。其孫路易十五（Louis XV, 1710~1774）嗣位❶，在位七十餘年，對外則戰爭屢敗，屬地盡失；對內則放縱驕奢，紀綱盡紊。其末年嘗慨歎道："我死後洪水其來"(APrès nous le dèluge)，果然不幸應驗。

路易十五於一七七四年死去，其孫路易十六以二十歲的青年嗣位又娶了十九歲的奧國公主馬利·安多亞勒（Marie Antoinette, 1755~1793），這一對毫無經驗的小孩子，怎能處置了當時那樣難局。當時國債已負至四十億利華（Livre，一利華約合國幣四角），尚且浪費不已，因此路易十六卽位後，卽任毛爾波伯爵（Comte de Maurepas, 1701~1781）爲首相，毛爾波保薦馬路席爾柏（Maleshelbes, 1721~1794）爲國務總長，諸爾葛（Turgot, 1727~1781）爲財政總長。二人都是當時的名士，諸爾葛尤爲著名的財政學者，爲全國所信仰。路易

❶ 據［英］科林·瓊斯《劍橋插圖法國史》（世界知識出版社2004年版，第160頁），路易十五乃路易十四之曾孫。——編者註

十六初用他們之時，也很加以信用。諸爾葛感激王的意思，遂提出三條整理財政的方針：

一，爲救濟國家的破產起見，有根本整理財政之必要；

二，整理之方法決不採募集國債及增徵租稅之方法；

三，整理之根本在節減經費，休養民力。

諸爾葛就任之後，首先將前任所有種種有弊害的財政設施廢掉，如法國本允許糧食的自由運輸，其後前財政總長阿貝泰來（Abbé Teray）想壟斷這項生意，遂將這條例廢止，另發布饑饉協約（*Pact de famine*），准許於某地荒歉時，由指定之商人向其他出產過剩之地轉運發賣，泰來從中取利不少，雖經社會熱烈攻擊，仍不更變，諸爾葛就職後，立卽罷免泰來氏黨羽，並允許糧食自由輸送。諸爾葛這種政策，雖得民間的贊同，却爲有力者所嫉視。他又提出廢止農民賦役、廢止職工組合等六個條文，是爲有名的諸爾葛的六條例。他本意是想除去舊來的弊害，促進商工業的發達，但因此引起帕力門的反對。貴族、御用商人、職工組合等因爲他們特權的被剝奪，都對於他起了反感，朝臣則因實行節儉政策後恩賜年金之削減，後宮則因娛樂費與遊樂費也受裁抑，教會則因諸爾葛是個哲學家故也不滿意，諸氏在這種四面楚歌之下，加以天時不利，連年饑饉，暴動四起，王對於他的信任也終於搖動了。諸爾葛遂於一七七六年五月免職，在職還不到兩年。

繼諸爾葛而爲財政總長者是一個無策無能的人物，在職不過數月就病死了，於是諸爾葛的政敵，負有虛名的銀行家芮克（Jacques Necker, 1732~1804）起而代之。就職之後一反諸爾葛之所爲。首先決募二千四百萬利華的公債，廢止一切駢枝的財政機關，統一徵收於財政部，因此增加收入不少。不幸這時美國的獨立戰爭忽起，法國當局以爲幫助美國獨立可以打倒英國的勢力，奪取英人在美國的貿易，却不知平空反增加了許多擔負。芮克是個騖虛名而不切實的人，他的財政政策只是買空賣空，但求一時的好看，因此五年之間國債增加到五億三千二百萬利華之多。險象一天一天環逼而來，芮克才不得不想起了他政敵諸爾葛所主張的免賦役，減恩賜金，允許地方自治等澈底改革的政策是對的，乃重新向王提出此項意見。又用公開會計的美名，騙得人民一時的讚美，得增募二億三千六百萬利華的公債，但因這兩件事引起了特權階級的反對，一七八一年五月，芮克也蹈了諸爾葛同一的覆轍而罷免。

芮克去職後，繼之者爲加倫 (Charles Alexandre de Calonne)，他是一個誇大虛浮的人物。就職之後，力反從前的節儉政策，反而獎勵濫費。三年之間募集了八億利華的公債，當然的結果每年要生九千六百萬利華的不足。最後弄得沒有法子可想，乃想召集名流會議 (Assemble des Notables) 以解決財政的困難。加倫本意是想在這個會議之中提出剝奪貴族特權，貴族與平民同等徵稅的議案。豈料名流會議一開，竟引出驚天動地的大革命的活劇，這真是創始者之所不及料了。

第二章　名流會議與三級會議的召集

名流會議是法國政治上一種慣例，向來是由國王勅選大貴族、大僧正及朝野各方面有名的人物組織起來以備國王諮詢的，至是因加倫的主張，遂召集成功。一七八七年二月二十二日開會於凡爾賽（Versaille）王宮的一廣室內。會員百四十四人，分組爲八個委員會，除極少數七八人以外，幾乎全部都屬於特權階級。

加倫在這個會內本想運用他的策略離間貴族以博人民的好感而實行他的計畫，因此在開會以後，即鼓起勇氣，大聲責備以前芮克等財政政策之失敗及特權階級的種種弊害，最後歸宿於諸爾葛主張的允許地方自治、撤廢內地關税、地租平等賦課等政策，後來有人批評説加倫此時的言論行動，實在是法蘭西大革命最有力的導火線。

但加倫畢竟不過是一個反覆無常的小人，人民並不信任他的話，貴族更因他的提案與他們的特權衝突而加以反對，於是加倫的主張終以全場一致的反對而失敗，是年四月加倫受陰謀排擠而免職，代之者就是排擠他的敵人布利因（Brienne, 1727~1794）。

布利因就職後極力疏通名流會議，結果除平等徵租一條，於特權階級的利益太衝突不得通過外，其餘如允許地方自治、撤廢內地關税、廢止賦役等案均得通過。名流會議的責任既完，遂於一七八七年五月二十二日閉會。在會場紛擾的期間，有一個議員獨高叫“非開三級會議不可”的口號，這就是青年侯爵拉法夷脱（Marquis de Lafayette,

1757~1834)，曾以幫助美國獨立戰爭的義俠舉動而出名，是一個虛榮心盛而無實際幹才的野心家，在革命初期很負重望的人物。此時他的呼聲，後來竟變爲全國輿論的一致要求。

名流會議閉會之後，布利因又提出地租增徵案、印紙稅法案等於帕力門，致重引起特權階級的反抗。帕力門爲箝制政府起見，遂於七月十六日議決請召集三級會議，以解決財政的困難。布利因憤帕力門的爲難，遂一面堅持自己的主張，一面放逐帕力門的全部會員於巴黎以外。這樣喚起輿論的同情於帕力門，召集三級會議的聲浪更高了。布利因不得已乃於九月將帕力門會員重新召回，帕力門也因三級會議若眞召集對於他們本身也不利，因此也讓步承認地租增徵之一部分，與布利因成立妥協。

但是不久，布利因又以國王的名義在帕力門提出五年之間募集四億二千利華國債的要求，經帕力門反對，王遂聲明不管帕力門的反對，另召集三級會議以解決此問題，遂下詔於一七九二年七月召集三級會議。

三級會議經這樣帕力門與政府的兩方面賭氣的結果，終於不得不召集了，而其實當時最大的督促力還在民間的輿論。輿論既已一致造成，民意表現極其激昂，政府雖欲食言也不可得了。

但是三級會議召集的命令一下，暴露了國家財政的險狀，民間信用大見動搖，致有拒絕使用國家紙幣的現象，布來因[1]的財政政策失敗，遂於一七八八年八月免職，再任命芮克爲財政總長。

當時芮克在民間的信用還是很高，他一就職，國債的價格立刻騰漲。當時國庫中現金僅存二十五萬利華，而待支出者須數百萬利華之多，芮克立刻打開自己的金庫，貸一百萬利華於王家，這樣借款的手

[1] 依前文，此處當爲“布利因”。——編者註

腕，在當時誰也不能及他。一七八八年到一七八九年的多難之際，幸賴有此人支撐。但芮克畢竟只是一個財政家，他沒有政治家的手腕，所以三級會議一開，他的弱點便顯露了。

三級會議在法國是一件老古董，自一六一四年曾開過一度以來，久已不開了。因此組織的方法都不明白甚至須問之於考古學者。有人主張全照一六一四年的舊例，但時代已大不相同，封建時代的遺風是不能完全復活了。這時民間學者們關於三級會議的組織討論的著作風起雲湧，大致主張應倣英國議會之例，以平民與貴族、僧侶合併組織，甚至有主張平民即是主體，貴族與僧侶應作附屬的。

在這種衆論淆雜的時候，政府依芮克的計畫重新召集名流會議，諮詢對於三級會議組織法的意見。不料這些名流們仍舊拘於階級的舊見，主張三級分別選舉。第三級代表平民，適用無條件的普通選舉，用間接選舉法選出；第二級代表僧侶、牧師有選舉及被選舉權；第一級代表貴族，不分爵位高下，有同等權利。第一、二級均由選舉人直接選出。人數則三級相同。

名流會議這種決議引起了全國平民的不平，尤以對於人數問題爲最激烈，政府不得已，乃增加第三級的當選人數使與其他二級之合計人數相等，始得稍平平民之氣。但各省在政府未公布選舉規則以前已有自動的選舉者，因此發生許多紛擾，平民的勢力一天擴大一天。

三級會議當選的議員很有許多知名之士，就中如著名天文學家巴依(Jean Sylvain Bailly, 1736~1793)，如律師牟尼 (Jean Joseph Mounier, 1758~1806)，如政治家馬略 (Pierre Victor Malouet1740~1814)，都是當時一般人公認的平民領袖。但是不料三級會議開幕之後，却意外突起了一個天才，爲此後平民運動的領袖的，這就是伯爵米拉波。

米拉波 (Gabriel Honoré Riquetti Comte de Mirabeau, 1749~1791)

是法國的一個貴族，原先本是意大利人，他父親是一個農本學派的經濟學家，與諸爾葛爲摯友。米拉波少年時非常荒唐，曾爲其父屢次控告，法庭將其禁錮，他在獄中做了許多文章，名聲漸起。一七八〇年從巴黎附近的監獄出來之後，性情始一變，力改前非，從事於修養。嗣後旅行英吉利，得到不少的新智識，一七八五年奉外交部之命到柏林偵察普魯士的國情，歸後著一書指摘普魯士的國情，洩露許多外交上的秘密，因此政界對他很不满意。至是由其出身地亞依（Aix）及寄居地馬塞（Marseilles）同時選出爲第三級議員。這是米拉波發揮他的政治天才之始。

三級會議選舉的結果：全體議員共五百五十人，平民佔一半，貴族及僧侶共佔一半；大致的情勢：第一級代表守舊派，第三級代表革新派，而第二級僧侶則調和其間。但事實上貴族之中也有不少傾向自由主義者，尤以大貴族爲多。

當時政府雖然召集三級會議，但事前一無成算，國王對於這件事情也不加以重視，開會的地點定在凡爾賽宮也無非爲游獵的便宜而已。並且朝廷上還牢守舊俗，對於平民、貴族的等級區別非常之嚴，國王對於平民議員非常傲慢，這都是失去人心之點。這種不平之氣，愈種愈深，政府諸公還在夢裏。

第三章　三級會議之決裂與國民議會之成立

三級會議於一七八九年五月五日行開會儀式，劈頭所遇的難題就是三級的議事究竟是合并行之呢？抑是分別行之呢？貴族大半主張三級各自分開議事，以級爲單位而不以人數爲單位，如此則貴族、僧侶人數雖少不至爲平民戰勝，但平民則堅持非合併不可，僧侶大抵調停於二者之間。

從五月六日起各級已分別成立，但第三級議員堅執合併之議，非達到目的不可，因此故意延緩成立。兩星期內的光陰，盡從事於奔走疏通之事。結果其他二級以合併之議提出投票表決，貴族部以贊成者四十七對反對者百八十八，僧侶部以贊成者百十四對反對者百三十三都未通過，於是三級決裂的形勢更緊張了。

在這時候，米拉波出來發揮他的第一篇的大演說，後來英國歷史家加萊爾（Carlyle）目之爲獅子吼（Lion' s Roar）的，他首先痛攻擊貴族的罪惡，責備僧侶們的首鼠兩端，主張第三級自決的權利，這場演說博得了全場的喝采，其他二部也頗受感動。

當時僧侶方面有人主張調停之說，以貴族、僧侶合併成爲一院，略等於英國之上議院，而以平民作爲下議院，這種方法王及芮克等都很贊同，不幸於五月三十日開協商會之際，貴族和平民仍然各持極端不肯相讓，此議終於失敗。

經過五月三十日的衝突之後，種種的疏通奔走至是全然無效，六月三日平民議員遂向王提出獨立的建議書，自認爲忠於國王及人民，而表示反抗特權階級之決心。六月六日巴依代表平民議員將建議書遞於王前。又向僧侶們接洽，仍然無效。

在這種反覆商確的形勢之下，平民議員漸漸覺悟到調和的決無希望，而越發自覺他們責任的重大，從前漫無感情的一團烏合之衆，此時因受共同的刺激，遂漸趨於鞏固、團結之途了。

六月十一日遂通過決定單獨開會的議案，一面勸誘其他二級議員來加入共同議事，一面聲明凡不加入的議員認爲自行缺席。六月十三日有僧侶部的三個議員來加入第三級會議，受熱烈的歡迎，這三個人的加入意義非常重大，因爲從此這個會議便不是單單第三級的會議，而是代表全級的會議了。

六月十六日遂通過改名稱的議案，自定名爲國民議會 (Assemblée nationale)。這就是法國革命史上極有名的國民議會之起源，當時議員們爲定這個名稱，曾起過絕大的爭議。

這時候政府尚想否認國民議會的自動成立，芮克提出一個狡猾的辦法，主張由國王先行譴責第三級議員自動組織的不當，取消國民議會，再由王重新付與第三級以議事的全權，這個計畫本是米拉波從前向他所建議的，但若在國民議會未成立以前提出，時機正合，此時已竟[1]晚了。因此國民議會對於這個提議竟置之不理，而仍然自動的進行會事。

這時候政府裏對待國民議會的態度可分兩派，一派人主張對議會讓步，但又不敢公然承認他們的權利；一派人主張用武力壓迫，取斷然的處置。路易十六是個優柔寡斷的性格，更不知怎樣籌措。六月二

[1] “已竟”今作“已經”。——編者註

十日遂聽從一部分宮臣的計畫，以召集親臨會議的理由，將第三級的會場封鎖，以爲這樣一來便可將國民議會無形解散，却不料反更激起議員們的憤怒，遂改在聖法蘭瑣亞街（Rue Saint Francois）旁的廣大的網球場開議（這個歷史上著名的網球場現在改建爲革命博物館）。宣告國民議會正式成立。

國民議會成立之後，擇定聖路易寺（Saint Louis）爲會場，僧侶方面以百四十九票的多數通過加入國民議會，貴族方面也有數人加入，三級代表的形式更完備了。

政府這時尚不知國民議會的緊張狀態，妄想以威力壓迫解散，二十二日路易十六在宮中召集御前會議，到會中多屬保守派的貴族，芮克提出調停三策，竟遭否決，大多數仍主張路易十六召集三級會議，以王的名義責斥第三級議員之無理行動，仍行分級議事之制，芮克以朝廷對自己不信任，遂憤而辭職。到二十三日路易十六親臨議會，召集各級議員全體，加以訓誡。先責備議員們的曠職，再宣布租稅平等、人權保障、出版言論自由等主張。這時候有多數軍警包圍議員以示威。但是路易十六的聲音低小，態度柔弱，殊不足以懾伏議員們，不過徒激起更烈的反感罷了。果然，王退席之後，議員們大爲興奮，米拉波首先主張國民議會的自決權利，反抗武力非法的壓迫，繼續有多人演說，國民議會的團結更堅固了。

以後政府尙陸續用種種破壞的手段圖謀妨礙國民議會的進行，但議員們抱定不屈不撓的態度，依然照常進行，對於王的命令毫不理會。這時候路易十六的優柔性格，竟使他向議會屈服，終不敢下解散的命令。不久貴族和僧侶兩方面的議員又紛紛加入，國民議會的權力遂顯然駕於王權之上了。

這時候國民議會着着得了勝利，最後到了二十七日，除了一個堅强不屈的貴族議員仍主張貴族的神聖權利不肯加入外，其餘貴族、僧侶全部以奉王的命令爲辭，加入國民議會。這時候在一般人看起來政府和貴族已經屈服，國民議會已完全戰勝，此後議員中穩健分子都主張埋頭於制憲事業，爲法國立百年的大計，似乎革命事業業已告終了，却不知危機正在四面潛伏。一方面朝廷上的保守派與王后密謀，以布洛利公（duc de Broglic）爲首領，暗調地方軍隊向凡爾賽進發，期一舉撲滅民黨勢力；他方面則巴黎、凡爾賽兩地民情騷動，謠諑四起，有一觸卽發之勢。到七月十二日，業經復職後的芮克重新突然免職，守舊派首領布洛利公被任爲陸軍總長及巴黎附近軍隊總司令官，朝廷的假面一旦脫露，王黨與民黨已到短兵相接的時期。七月十四的巴斯的獄（Bastille）攻陷之後，巴黎遂轉入革命的狀態了。

第四章　革命初期的巴黎與巴黎人

法蘭西的歷史向來是中央集權的歷史，伴地理上的中央集權而有政治上的中央集權，歷代君王所取政策都是務殺地方自主之勢而集中勢力於巴黎。到路易十四時代，中央的勢力達於最高點，巴黎不但成爲法蘭西全國的首腦，而且幾乎法蘭西衹成了巴黎人的法蘭西了。一般地方上的人萬事無自主的能力，唯巴黎人的馬首是瞻，因此巴黎人的一舉一動都影響於全國。而且當時巴黎是全國人才所薈萃之區，當然活動能力也較大些，因此暴動的事也容易發作。

今日的巴黎是世界最美的都會，但在那個時代却還不然。那時巴黎的街道非常狹仄，也不整齊，道路高低不平，塵土飛揚，汚濁不堪，加之人道和車道沒有區別，汚泥塵芥堆積於路上，一遇天雨，就滿街都成洪水，行人不易走過。這種情形恰和我們中國今日的情形一般。在由郊外入市的時候，必要經過一大段貧民窟的範圍，其汚穢惡臭直非人所能處，令人目不忍視、耳不忍聞。夜間點燈一事，巴黎較其他歐洲各都市設備較早，一五二四年政府令各家將燈置於戶外，一五五八年初設街燈，一六六七年遂全市普遍設置。但至十八世紀末年，這種街燈爲數仍然很少，光線又暗弱不堪，兩旁的店舖因物價騰貴的結果，夜間閉店甚早。政府爲防止火災起見，又令少點燈，因此街市越發黑暗，盜賊得以橫行。

巴黎本分二十一區，一七八九年選舉以來改分爲六十區。行政機關有市會、參事會，選舉以後成爲政治的中心，權力大增。革命時代，全市人口約六十萬，多數是未受教育的愚民，其性質輕舉妄動，不加考慮，易爲感情所蒙蔽，野心家得從而鼓動其間。法國人的性質多如此，而巴黎人尤爲極端之代表。

從外表看來，巴黎雖然不完全、不整齊，但就內部的奢華講起來，却也不遜於今日，或者有的地方還過之。有些物質設備，如電氣、瓦斯之類當然那時還沒有，但以服裝而論，路易十六時代的奢華却過於今日。男子的禮服寬闊而長，形式極爲美觀。女子則將頭髮梳上非常之大髻，飾以人造花等裝飾品，或者戴以巨大的帽子。當時的諷刺畫甚至有畫女人髮髻之中藏許多禁物的，可見其大了。

但在革命初期，有些貴族的服裝却很趨於平易、簡素，這因爲是受了美國獨立後民主主義的感化。尤以美國公使佛蘭克林（Franklin）的素朴裝束最爲法人所模倣。這種風氣傳於朝廷間，有許多高官退朝時故意用外套將燦爛的勳章掩住。從前大貴族常乘幾匹馬的美麗馬車，此時則只用二輪一馬的平民式馬車。又從前貴族頭上常戴有石膏製的假髮型現在也不用了，反而將髮翦短。出外也不佩劍，衹携手杖，種種形式極力模倣平民。

女子們後來也逐漸趨於簡素，革命時代自命爲自由主義的新女子如羅蘭夫人（Mme Roland）之類，甚至穿着男裝，翦短頭髮，宛如男子一般，這也是當時的一種趨勢。

當時貴族們受民主主義潮流的鼓動，遂常有虛僞的接近平民的行爲。有的貴族於路上遇到農民負重跌倒時，常常上前用手扶起，回來却自誇是扶助農民。王后也常常與其侍女等改扮農婦的裝束，或者喚進眞正農人來共同舞蹈，看他們狼狽羞澀的狀態以爲笑樂之資。這都是路易十五時代所沒有的。

這時候女子解放的風氣尤其可驚，據美國大使摩里斯（Morris）的日記，竟有幾個貴婦人當着會見他的時候從容不迫地換穿全身的衣服，更有某夫人在洗澡時候與男客會見，這都是極端解放之例。

在上等社會裏，當時盛行沙龍（Salon）的社交生活。沙龍就是客廳的意思。當時的名流紳士們，多好拿自己的客廳作中心，每一定的時期他的友人自由來集聚一次，彼此聯絡感情，交換智識，很有許多益處。這種風氣始於路易十四初年馬薩林（Mazalin）宰相攝政的時代，到路易十五時代爲極盛。有許多貴婦人都喜歡以自己的沙龍爲中心，吸收他周圍的各種人物，尤以與文學家、美術家結納爲榮，以談哲理、談藝術爲高尚。路易十六初年則多喜以經濟問題爲談話的中心，或者談些新發明的催眠術等問題。一七六〇年以後則多談到政治問題了。大約以主婦爲中心，主婦是何種人，則其所來的朋友也大都是何種人，因此從沙龍的社交生活裏很可以看得出思想和政治的派別系統來。

革命的初期，巴黎的守舊主義者多集於蔣波那夫人（Mme de Chambonas）、薩伯蘭夫人（Mme de Sabran）的沙龍，蔣波龍夫人[1]是個名動朝廷的人，她常以罵第三級議員爲快。在她家裏賭博也很盛行。稍上品一點的保守黨則多集於薩伯蘭夫人處，她家裏出入的很有許多名貴的紳士貴族們。至於新進氣銳的貴族則多集於芮克的沙龍。芮克的夫人是個才色具備、擅長交際的女子，她的女兒安娜路易絲，後來爲斯達爾夫人的，更是個風流絕塵、文學史上出名的女子，他們一家都是瑞士派新敎徒，信奉自由主義，母女們對於芮克非常崇拜，認爲是法國的唯一救世主。因此極力招來賓客以爲他的後援。不過她們對於議會中粗暴的分子却不歡迎，因此與議會未得充分之聯

[1] “蔣波龍夫人”即“蔣波那夫人（Mme de Chembonas)”。——編者註

絡。還有當時王弟奧倫治公 (Duod' Orlean' s Philippe, 1674~1723)，蓄謀野心，想取王位代之，因此極力以自由主義者標榜，他們一派人多聚於金莉 (Mme Genlis) 夫人的沙龍裏。夫人是奧倫治公的家庭教師，唯物論的信仰者。公爵的家庭多有嚴肅的舊教信徒，因此頗與夫人不合，但公爵自身是個放浪的人，因此頗得夫人的崇拜。又有布樂利夫人的沙龍，則爲自由主義者的集合之所，急進主義者則多聚於鮑阿妮夫人 (Mme de Beauharnais)、達爾馬夫人 (Mme de Rama) 等夫人之家。

到革命爆發以後，又出來幾個新女交際家，有米利克小姐爲女革命家中最著名的人，她出身下賤，却非常美貌，她家中多極端革命派來往，米拉波也常去她家。

但到革命以後，沙龍的生活漸漸衰了，而俱樂部和珈琲店起而代之。其最大的原因蓋由政爭劇烈之後，同一沙龍的人漸成敵國，因此不得不別尋結合的方法，遂有新式結合出現。各俱樂部都有特別的會所，也有借珈琲館之一層爲會所的。最初這種風氣係由英國傳來，其中人物亦無階級的區別。最初政治的色彩甚少，衹以文學和社會時事爲談題。有利塞俱樂部 (Lycée) 執當時的牛耳。到革命開始後，有許多俱樂部突然勃興，到處盛行時事的討論。其時有一個不列冬俱樂部 (Club Breton) 原係不列達尼省選出的國民議會議員集合之所，後來遷於聖奧諾街 (Rue St. Honor) 杜米尼堪派 (Dominican) 的律院中聖約克伯 (St. Jacob) 的一室中，這就是後來歷史上有名的甲哥班俱樂部的起原。

沙龍是純貴族的聚會所，俱樂部則係政客們的集合地，至於純粹的平民則另有他們的集會地，名爲掃西提 (Société)。大半在貧民長屋的階上，隨便有貧窮的學生，或者稍有智識的職工等聚來演說。職工對於工場主的工值問題、麪包商人的製造問題，都是此中很好的資料。中等社會的人時時來集於此地，對於選舉問題很有影響。

還有些貧民窟中也常爲江湖不平之徒的聚會之所，後來恐怖時代的人物，頗有從此出身的。

珈琲店則專門是中等社會人士的消遣之所，每日有許多人來看看報紙、談論時事以消磨光陰。此外則大規模的酒店，中設跳舞場，其中頗有引人入勝之處。

除了以上這些聚會的地方以外，最能操縱公意的，莫如新聞紙與雜誌了。法國最古的新聞紙起於大宰相呂希留時代（即路易十三時代）政府所保護的法蘭西新聞 (Gazetle de France)。以後因王權專制的結果，故報紙之不甚發達。到路易十六即位後，政治刷新的機會已成熟，新聞報紙遂如雨後春筍，迎時怒發。各黨各派都有他的機關報，對於主張的宣傳很有關係的。

受新聞紙感化最大的乃是巴黎的中等階級。中等階級的人因爲勤勉的結果，略有儲蓄，以其相當的財產之利息爲生。這種人大半少壯時勤苦工作，到老時安享餘閑，喜社會政治的穩定，不喜紛擾，他們實是社會的中堅。巴黎的三階會議[1]選舉人四百五十人之中，律師佔百八十三人，店主佔九十三人，退隱的中等社會分子約五十人，這些都是屬於中等階級即所謂布爾喬亞西 (Bourgeoisie) 階級的，可想見其勢力之大。這種退隱的中等社會的人受過相當的教育，平生閒暇較多，有考慮時事問題之餘裕，所以是政治上的重要分子。他們在革命之初，尙不懷推倒王室的思想，到一七九一年頃，則多變爲絕對共和主義者。

下等社會即普羅利塔利亞 (Proletariats)，既無產又無教育，感情

[1] 前文作“三級會議”。——編者註

容易煽動，常常盲目的受中等階級的驅使，作許多亂動的事，結果蒙其利益者仍是中等階級。如一七九一年以來所有對於王室的運動，都是中等社會利用他們的明證。但後來下等社會漸漸自覺不肯受中等社會的指使。到一七九五年頃，中等社會的人見下等社會之勢日盛，爲自衛起見，遂創設國民衛兵 (Garde Nationale)，由中等社會的子弟中拔選人才組織之，以防禦破壞[1]秩序的細民。結果兩方面都同歸於盡，而讓恐怖的魔王羅拔士比（Robespierre）肆虐於先，專制的魔王拿破崙（Napoleon Bonaparte）崛起於後，階級的鬥爭，畢竟不過爲個人造機會罷了。

❶ “破壞”當爲“破壞”。——編者註

第五章　巴斯的的陷落*

一七八九年的法蘭西大革命從何敘起呢？無疑的要以巴斯的監獄的被陷落爲起點了。在巴斯的獄未陷落以前，法國國民議會所進行的只是一種法律內的運動，是改良派的拿手戲，直到人民奮起將這專制象徵的黑暗監獄攻破以後，法國的政治改革才走上了武力解决之途，從此以後，議會中穩健的分子，雖然仍在那裏着着的想拿制憲立法等事業來控制王黨，緩和民情，以期將法國的政治走上和平秩序之途，但事實上法國的政治已經走上了急轉直下之途了，樞機一發不能復止，不是少數議員們所能操縱的了。

巴斯的獄的陷落與其說是發動於政治問題，無寧說是發動於麪包問題。當時巴黎社會窮困已極。自一七八八年的大荒歉以來，物價騰貴之極，地方失業的人民相率流入巴黎，但是在工商業早已不振的巴黎，又何從容納這許多勞働者使之解決麪包問題呢？因此饑來驅人，勞働者早已逼上暴動之途，况加以當時野心的王族如奥倫治公之流還在極力聯絡細民加以煽動呢？

自三級會議選舉以後，一般社會對於政治忽然呈狂熱的現象，一方面中等社會也想利用下層人民作政爭的工具，這些本來無智無識的細民一經煽動，自然容易鼓蕩，因此種種風潮就起來了。

在巴斯的獄事件發生以前，已經有許多相類的暴動發生。如一七

* 原版書目錄作“巴斯的獄的陷落”。——編者註

八九年四月二十八日的暴民攻陷立維戎（Réveillon）的製紙廠的事是其一例，其起因全由於無端的謠傳，毫無事實的。當時巴黎的選舉人會爲鎮壓暴徒起見，遣派法蘭西衛兵（Garde Francaise）及瑞士衛兵（garde Suisse）巡守巴黎。不料這些法蘭西衛兵素來多是出身下層社會，與暴徒很有關係，且兵士與將校之間感情極惡劣，因此不但不能鎮壓暴徒，反到壯了他們的膽量，暴動的潮流一天一天擴大起來。

是年七月十二日的早晨，芮克的免職消息才傳布以後，民間就起了一種不平。因爲當時芮克在政治上的聲望很高，人民崇拜他的很多。他的免職令下後，民間三三五五就紛相傳說，謠言四起。不知不覺地有許多羣衆就聚在一處討論這件事情。其中分子有無職的閒人，有失業的職工，也有中等社會的紳士。忽然咖啡桌的一角上，站起了一個瘦身黑髮、眼光四射的青年，跳到桌上，向公衆開始一篇大演說：

市民諸君啊！諸君都是希望芮克不要免職的，但他現在已經被免職了，這是對於愛國的人的一種聖巴托落美（St. Parth é lemy）的警鐘啊！看啊！法蘭西衛兵，德意志衛兵今夕不定何時就要出動來屠戮我們人民了。我們現下唯一的手段，就是武裝起來！就是武裝起來！爲免相互殺傷起見，我們要佩起一律的徽章進發啊！

這個演說的青年名叫加米爾德摩蘭（Camille Demoulins），是當時在巴黎的一個流浪的文人，後來大革命領袖丹頓（Danton）的股肱。

德摩蘭的演說煽動了當時的羣衆，他更進一步的叫道：“諸君要擇那[1]一色的徽章？代表希望的綠色呢？代表自由和愛的藍色呢？”“綠啊！綠啊！”羣衆在喊叫之中一齊將身上的綠巾，樹枝上的綠葉折取下來佩戴作自己的徽章。於是在德摩蘭的領導之下，羣衆武

[1] “那”今作“哪”。——編者註

裝出發。

沿途的情形，今日記載已經不全，頗難得其眞相。大約羣衆高捧芮克和奧倫治公的半身石膏前進，兵士略加抵抗，鎗死一人，但來者氣勢益湧。衛兵遲疑不敢動手，內中且有一小隊叛向人民，羣衆遂集於路易十五廣場前，徹夜不退。

從七月十二到七月十三這一夜間，大隊的羣衆向武器廠中亂入，奪取武器，又攻入市中的麪包店、酒店，隨意搶掠，婦人也有携槍加入的，這是革命的第一聲。

巴黎的選舉人會這時候方在決議爲長期繼續的大活動。先仿他市的成例，決議創設一種國民衛兵，向政府提出請願書，一面即着手軍隊的組織進行。全巴黎市六十區，每一區每日出二百人，四五日之中創設四萬八千人的軍隊。各區更分爲十六隊，以十二隊編成四個大隊，剩下四小隊作爲三個大隊。每小隊二百人，兵士都佩青紅二色的徽章。到十三日的正午，已經有了一萬八千人的衛兵。嚴行布告，維持市內的秩序，如有掠奪搶劫之事發生，立即將犯人懸於街燈台的鈎上絞殺。因此後來革命羣衆間流行的“燈台！燈台!”的口號就從此而起。

從十三日的情形看起來，似乎外觀已較爲平靜一些。

但是當時奧倫治公的黨羽們還暗暗地四下奔走，分配槍支，參加運動，密爲次日的準備。一方面朝廷上所派的法蘭西衛兵也受了亂黨的鼓惑[1]，躍躍欲叛。統帥布洛利公也無可如何。

這時候國民議會尚盡力的調停政府和民間的衝突形式，於十三日通過要求芮克復職及組織國民衛兵以維秩序的案，但政府尙冥頑不悟，不肯痛快答應。

---

❶“鼓惑”今作“蠱惑”。——編者註

到了十四日早晨，羣衆已經組織成功了，這時候已經不是那十二日的無知盲動的烏合之衆可比了。大隊持有武器的羣衆，內中有法蘭西衛兵，有學生，有律師，有其他中等社會的人士，以某某二寺的教士爲先鋒，組成兩個集團，向廢兵院（Hôtel des Invalides）進發。沿途秋毫無犯，秩序井然。

廢兵院是路易十四時代建築的收養廢兵的地方，這時候有一個貴族司令官駐紮在那裏，相傳藏有二萬六千枝槍支，故羣衆首向此地進發。大隊到後，守兵略事抵抗，因建築不堅固，故羣衆一攻就入，將武器得到手，未至演出流血慘劇。武器得到之後，遂向巴斯的監獄進發。

巴斯的建築於一三七〇年，即法王查理第五（Charles V）的時代，本來是城堡的性質。因爲他位於巴黎郊外，建築堅固，形勢便於守禦，故自十五世紀以後，就變爲代用監獄的性質。亨利第四（Henry IV）以後，法國王權達於極點，朝臣貴族偶一拂意，即投之監獄，故巴斯的成爲有名罪人禁錮之所，最能代表當時專制政府的黑暗情形。故大革命之起，首以此爲攻擊的目標。

巴斯的雖是銅牆鐵壁不易攻入，但這時守衛的僅有瑞士兵三十二人，老兵八十人，小口徑的大砲十五門，火藥稀少，糧食不足，故守禦甚爲單薄。

羣衆攻到之後先爲開城的談判，守將德羅芮（Da Lounay）不允，但也不敢開鎗。直到羣衆爭先擁入時，始開火略擊傷數人，因此更惹起羣衆的憤激，大衆奮不顧身，捨死進攻。德羅芮不得已，懸旗投降，於是有名的巴斯的監獄遂攻破，這是一七八九年七月十四日午後六時的事情。

城開之後，羣衆已入於無意識的盲動時代，逢人卽殺，守將德羅芮及多數兵士都被屠戮，甚至自己隊中的人也有被誤殺的。

巴斯的獄的陷落，正是法國王權顛覆的象徵，在歷史上有很重大的意義。

這事起後，路易十六這時還正在凡爾賽離宮打獵，聞訊驚惶已極，問他的近臣道："莫不是謀反嗎？"他的近臣答道："不是謀反，恐怕還是革命哩！"王越發的不知所措。

國民議會於次日立卽召集會議，建議請芮克復職，又遣派五十個委員赴巴黎城內慰問，又對人民宣布王將要回巴黎的消息，民心始安。

議會隨卽選派素負民望的議員百人隨護路易十六遄返巴黎，路易這時一一應允，並准芮克及其一派的人俱復職，而將保守派大臣免職。

巴黎人民的心理仍然歡迎王室，因此路易十六竟在萬衆歡呼之中安然回到國都。國民議會的議長巴依手捧白青紅三色的國民徽章進獻王前，王欣然受之，這三色遂爲法蘭西之國徽。

自七月十四的暴動以後，守舊派的貴族大爲恐慌，紛紛私自逃走，因此人心仍舊不安。巴黎市上雖有國民衛兵維持秩序，但國民衛兵的統帥爲拉法夷脫侯，並不受新市長巴依的指揮，因此市長的權很小。暴動的事仍然繼起不已，幸賴國民議會努力維持，解散巴黎選舉人會，選出新市會議員百八十二人，巴黎的秩序才漸漸恢復。但是各省的暴動仍繼續傳佈，如波浪之洶湧起伏不已。尤其是市民與農民之間，中流階級與下流階級之間，繼續暗鬥甚烈。

第六章　國民議會的立憲事業

巴斯的陷落不過是波浪之一痕，大體上看起來法國當時還是風平浪靜。王已經屈服了，民權已經有相當的表現了，這時候正是代表民意的國民議會表現他的建設能力的時候了。國民議會確已表現了他相當的能力。

國民議會的議員之中理想家甚多，他們不顧當前的實際社會暗潮如何，仍一味的埋頭於根本大法的制定。七月十一日，由拉法夷脫的提議，仿美國獨立宣言之例，起草人權宣言。於是議員們爲這個人權的意義費了許多討論的時間。當時實際政治家如米拉波之流，很不喜歡這種空論的遊戲，但也無法阻止。最後決定的人權宣言，其內容要義如下：

一，凡人生而即有自由平等之權利；

二，凡人對於壓制有反抗的權利；

三，總主權在於人民，非受人民明瞭之委託，無論何人無執行之權利。

在當時，人權宣言雖似乎是不切實際的空想，但後來於民權的發展却影響非常之大，究不可謂非當時國民議會之功。

八月四日，國民議會通過一個封建特權廢止的議案，其動機由於貴族議員的自動的放棄，從此以後法國的貴族遂失去法律上的特別地位了。

議會在紛亂情形之中，不屈不撓，卒至[1]從一七八九年十二月起，至一七九一年，三年之中，將憲法全部製成。其內容要項如下：

王有中止權，但在同時期內議會若爲第二度之同一決議，則王必須承認之，這個問題關係於王權與議會權的消長問題，雙方爭執很久，至此議會終久[2]戰勝。

議會由一院組成，議員不得兼爲行政官吏，這實在是受了孟德斯鳩極端三權鼎立說的影響，後來發生許多不便的。

舊行政區劃重新劃定。依全國山川自然的分布分爲八十三省(Departement)、五百七十四縣(Arrondissement)、四千七百三十區(Canton)，每區再分爲若干村鎮。自省縣以至於村鎮，都有地方政府。區以下之地方行政委員由人民直接選出。省縣的行政委員則由地方公民先選出選舉人，選舉人再就候補者之中選出行政委員。

從前，法國司法機關腐敗最甚，其裁判員位置竟可以互相買賣，且薪俸很低，全靠裁判時上下其手始能獲利。至是國民議會議決將舊法院一律暫行廢止，另組一種新法院以代之，從省到區均設立法院，以備人民可直接控訴，其裁判官由人民選出，任期六年。

依據信教自由之原則，許各種教徒一律平等待遇。從前羅馬舊教的領地全沒收爲國家的財產，宗教稅全廢，大小僧侶俱由國家支給薪俸。這個決議雖然一時將宗教特權掃蕩，但實際上行之頗有困難。因教會的產業收歸國有後一時並不能賣出，而國庫却須一時增加許多支出，就財政上看起來是不合算的。再[3]當時宗教信仰猶深的當兒，這種決議引起許多人的反對。故擁護新憲法宣誓之際，教士僅有七人敢行加入，其餘全體拒絕宣誓。

---

❶“至”當爲“自”。——編者註

❷“終久”當爲“終究”。——編者註

❸“再”當爲“在”。——編者註

議會的種種改革，固然有對的有不對的，但就當時議員們所處的困難環境之內，能彀平心靜氣成就這樣的事業，實在不可謂非成績。當時議員們來自田間，多不熟於議事規則。加以爲取媚傍聽的無知愚氓起見，務爲冗長的演說，結果常引起許多紛擾。明達如米拉波嘗提出規定議事規則之議案，竟遭否決。傍聽席上，亂民麕集，對於議事或拍手，或罵詈，或諠譁鼓噪，常妨及議事之進行。這些都無法取締。

當時國民議會的政黨分野，墨守王政主義的最頑固的保守黨，以米拉波子爵爲首領（大政治家米拉波伯爵之弟），其勢甚微。又有一派由少數牧師議員組成的，專門擁護教會的利益。其次温和保守黨以牟尼 (Moanier) 等為首領，抱漸進改良的理想，以維持舊王政防極端的破壞為目的，在議會頗有相當的勢力，但因其首領過於無決斷之故，漸歸失敗。其次為急進黨，其中皆懷抱自由主義之人，不少有雄辯家。人數雖不比舊黨為多，但頗有操縱議事的能力。其次為極端急進黨，在此次議會中人數甚少，只有羅拔士比等十餘人，後來皆為甲哥班俱樂部的中堅人物。另有一派極端過激的貴族團，亦有相當的勢力。

以上各黨各派的勢力實在都不如中立派的盛，故當時議會的中心勢力實在是屬於中立派。中立派的人沒有黨義的束縛，故能就事論事，以公平之眼光處理。此派的人物有哲學者德雷西 (Destutt de Tracy)、經濟學者奴模爾 (Dupont de Nemours)、文學家兼歷史家加拉 (Joseph Garat)，大政治家米拉波實在也是中立派的一個人。不過當時的議會，無論左派、右派，都沒有什麼嚴格的拘束，實際上還是個人有個人的意見。

一七九二年八月二十五日，立憲國民議會的職務告終，同時依據憲法選舉新的立法的國民議會 (Assemblée Nationale Legislative)。在這個以前，舊議會的議員們通過了一個最高尚而又最愚昧的議案，就是為謙讓起見，舊議員一概不准在新選舉中作候補人。這個決議案使當時苦心締造最了解憲法精義並富有政治經驗的分子，不能在第二屆議會中佔有位置，而以議會權交與一般毫無經驗的新進少年，實在是當時立憲國民議會最大的失策。

第七章　米拉波與當時法國的政治

歷史雖然是社會的產物，但個人天才者的關係確也不可以忽視的。法國大革命史中若前無米拉波伯爵，後無丹頓、羅拔士比諸人，不知要減少精采許多。因此治法國革命史者，不可不知當時有米拉波伯爵其人。

在第二章已經講過，米拉波在少年時代是個放蕩不羈的浪子，到三十歲以後才折節為善。但是在貴族社會中對他仍以舊日鄙視的眼光去看他。到當選為第三級的議員以後，因着他的熱烈的辯才、雄强不屈的意志，以及實際發揮的手腕，才漸漸在同伴中露出頭角來。不過在王黨中看起來，他似乎仍是一個蛇蠍似的暴烈黨徒。然而就實際講，他實在是一個鄙視空想、着重實際的政治家。他最早就主張調和政策，謀王室與民黨的接近，以造成英吉利的憲政為職志。他在三級會議爭持之際，卽謀與芮克接近，以設法使王室讓步略平民氣。不幸芮克當時輕視他的實力，加以侮辱，於是二人始終不能聯合。以後國民議會成立，米拉波着着發揮他的手腕，遂漸成為議會中實際的領袖。

巴斯的陷落以後，王室與人民的感情愈趨惡劣。路易十六雖曾一時回巴黎鎮撫民情，但不久仍反郊外之凡爾賽宮。巴黎人民恐怕王黨的陰謀報復，因此人心甚為不安，極端派的報紙更從而鼓動之。這時候，守舊黨的陰謀確也着着進行，他們勸王設法離去凡爾賽，以避暴民的監視。因此極力聯絡王左右的衛兵。他們狂妄之極，竟將國民的三色章毀去，而代以布爾奔王室的白章。這種事件一旦傳露於民間，人民自然對於王室更不放心了。

一七八九年十月五日的早上，巴黎人民為恐怖反動陰謀的心理所刺激，突然受不知何人的鼓動，羣集於一區，又演出七月十四的喜劇。他們的心理與其說為政治所迫，無寧說為饑餓所迫還更近情理些。這時市長巴依聞報卽求救於國民衛兵的總司令拉法夷脫。不料拉法夷脫這時別具野心，想在王與人民之間造成第三種調和的勢力，因此對於人民此舉故意放任，持旁觀的態度。羣眾因此愈集愈多。這時候有一個曾在巴斯的事件中出過風頭的人物叫做米雅爾（Stanislas Maillard）的，趁此時機，想貫澈他遷王回都的主張，遂奪過打鼓的槌盡力擊鼓，並高喊道："往凡爾賽去！往凡爾賽去！"(à Versailles! à Versailles!)，這個口號一出，人民響應如雷，大隊羣眾向凡爾賽王宮進發。

羣眾之中，婦女甚多，恰遇着雨天，全身泥塗，狀態慘怛，極為可憫。到凡爾賽後，分為二部，一部分到王宮向宮人乞食，他一部分則到議會請願得廉價的麪包。羣眾擁入議會，脅迫議員同到王宮請願。王和議會都極力的安撫人民。到午後拉法夷脫始率國民衛兵二萬人由巴黎開到。於是委員代表等向王提出要求四條：一，王宮的保護委任於市民兵；二，關於麪包的給養，贊同市會的計畫；三，人權宣言無條件的承認；四，以巴黎市為王常住之地。王對於這個要求，承認第一條，拒絕第二、第三條，對第四條則未明白表示態度。

經過一夜的相持，到十月六日的清晨，羣眾忽然亂擁入王后的宮中，向王后施以侮辱，因為王后在當時人民的眼光中看起來，是奧國的間諜，是守舊黨陰謀的發動者，故多數對於王尚表同情，對王后則極為厭惡。幸經守衛的力加抗禦，王后始得逃免。

拉法夷脫又極力向人民調停，以王還巴黎為條件，遂於卽日午後一時，王和王族受人民的脅迫，乘馬車向巴黎進發。拉法夷脫率兵先驅，大隊羣眾包圍王後。沿路對於王族加以侮辱，直送到巴黎王宮。

這次事件之真相，有人疑為米拉波或奧倫治公的陰謀指使，其實都不確。羣眾的暴動與其說受何人指使，無寧說是為麪包的缺乏，以及人民對於王室陰謀的恐懼為得。自這次事件之後，中等社會對於下等社會漸生畏懼警戒之心，追侮[1]從前之煽動小民為失策了。

王遷回巴黎以後，議會隨卽也遷回巴黎，以監視王的行動。這時候議會漸漸受了下等人民的壓迫，傍聽席上充满了勝利的暴民，對於議員的言論或拍手喝采，或罵詈妨害，極端過激黨利用人民淺薄的心理，越發唱高調起來。甚至傍聽席上公然販賣水菓食物，竟如我們的戲場一般了。議長牟尼憤慨這種情狀，遂辭職而去。

在這種困難的時候，漸漸顯露出真實人才的本領，米拉波的手腕遂漸漸發揮起來。

米拉波的主張是王室與人民接近，造成温和的立憲政治，無奈當時王室疑他為暴民的首領，不肯接近。其後經種種的斡旋，王室漸認識米拉波的能力和誠意，而不得不求救於這當時的唯一人物。米拉波貢獻的意見，是勸王與議會調和，承認議會制定新憲法，但王須有中止權，庶幾可以自由操縱議會。王處議會之上，運用新憲法，以議會中的領袖人物組織內閣，倣英吉利之制，確定憲政基礎。這是就目前的現狀妥協之策。萬一王與議會的妥協不成，則宜設法離去巴黎，脫離暴民的掌握，別遷一民論平靜之地，召集議員赴該地制憲。如舊議會不肯去，則另召集新議會，制成新憲法，那時王當以公明的態度宣言遵守議會的議決，物色全國屬望的人士組織內閣。如此一來，則全

---

❶“追侮”當作“追悔”。——編者註

國人心愛戴，雖有巴黎暴民的反對也不要緊了。不過在事情未趨於極端以前，仍望與現議會力謀妥協，以奠定大局云云。

米拉波本有自任首相的抱負，無奈當時他的資望尚未成熟，因此不得不別求當時負虛聲的人物與之結合。彼最初推薦王弟布羅温斯伯爵 (Comte de Provence)，伯爵以時機未熟却之。又謀與拉法夷脫相近，但米拉波從前曾輕視拉法夷脫，加以嘲謔故拉氏很恨米氏，不肯與之携手。米拉波又提出以芮克為首相的內閣計畫，網羅當時知名人物，頗費苦心，無奈二度與芮克會晤之結果仍然互不相下，提携又經失敗。

米拉波正在這樣苦心經營之際，議會中突然對他起了疑慮，為防止他入閣的野心起見，遂於一七八九年十一月十七日通過議員不得入內閣的議案。這個決議實在是中了孟德斯鳩三權鼎立說之毒，結果斷了議會與王室提携的路，給政治上添多大的紛擾。

米拉波這時在議會的失敗，他的生涯漸入困境，加以他一旦躍為知名的人物以後，交際廣闊，生活不得不奢侈，因此負債累累，無法自拔。米拉波最後欲與王直接接觸，乃向王提出意見書，表明自己的政見主張。劈頭先說明自己是主張恢復王權反對當前的無政府狀態的。他希望的是王與憲法的調和一致。為達此目的起見他願意採取兩種手段，第一他可以隨時將對於時局的報告及貢獻報告於王，第二為考察輿論起見，每省派一個人負秘密報告之責。此議上後，大蒙王及王后的贊同，米拉波遂與王訂立條約，王借與米拉波二十萬利華供其活動，以後更每月給與六千利華。若米拉波的計畫實現，國民議會閉會後，更賞賚他二十五萬利華，分四回支給。這件事始終保守秘密，不令外間知道。當時米拉波對人說，“人不能買我的，我實在自己反將自己賣了”，蓋米拉波為貫徹他的抱負起見，不惜將自身賣與王室，他的賣身和普通一般猪仔們是不同的。

自此以後米拉波在議會遂大試其手腕。不久因西班牙與英吉利爭北美洲諾圖加水道（Nootoca Sound）的交涉，法王室本與西班牙王室同姓，曾結有親族條約。米拉波此時勸王廢棄親族條約，改結波西同盟，並主張在議會提出建造十六隻軍艦以為外交的後盾。此事提出議會之後，遂引起國王是否有宣戰媾和的權力的問題。當時議會多数皆主張削弱王權，不許王有自由宣戰的權力，米拉波獨反對此說。兩方起了大爭論，米拉波幾被認為通王賣友的小人，後經中立派調停，始通過王有宣戰媾和之權但須經議會同意的議案。此事以後，外交總長孟毛蘭伯爵（Comte de Montmorin）大佩服米拉波的外交眼光，以後凡事請教於他，米拉波遂成為無冠的外交總長了。

米拉波嘗批評法國當日的政局，有四個危險的敵人：一是租稅，二是破產，三是軍隊，四是冬。此四敵結合，其結果卽為內亂。米拉波在這種困難情形之下，更想鞠躬盡瘁，以挽此將頹之局，可惜王室對他終久存疑忌之心，不肯完全信任。他在一七九〇年十月十四日提出的第三十四次條陳，對於他胸中的抱負發揮得很完備，他主張建立君主立憲政體，定期選舉，其權限限於立法與租稅之協□❶。行政部負執行法律，指揮軍隊之權，司法部基於王國的新區劃，有整然設備之必要，裁判費用無報酬，出版的自由，責任內閣的樹立，王室费的確定，王室及教會領地的出賣，封建特權的全廢，也都是米拉波所熱心主張的。他主張廢止議員不許入閣之決議，以激烈派議員與溫和派議員組織聯立內閣，以收全國的重望。他並且主張每省派遣一個宣傳員，與當地的中流以上良民交際，說明現議會之誤點及建設良憲法之必要，以鼓吹地方輿論。

❶ 原稿字跡不清。——編者註

當時米拉波身為全國之重心，毀者譽者紛紛不止，議員們既罵他為王室的走狗，王室又猜疑他，但全國人民却非常之信任他。不過因為他少年時品行不良之影響，以及得意以後豪奢成性的習慣，非難他的也還不少。

一七九〇年夏天，米拉波因為勞碌過度的緣故，已經發現病兆。蓋其在少年時代放蕩過度，又曾囚禁於監獄數年，健康已經有損，自三級會議開以後，他以一身為活動之中心，部下少得力的助手，因此事務蝟集，身心勞働過大，到這年七月裏病象便一天一天增加起來。他在這患病期間，還依然不肯停止他的工作，最初謀與拉法夷脫妥協，終因二人之互相輕視，歸於失敗。其後在議會提議廢止議員不得入閣之決議，又因拉法夷脫派之反對而失敗。米拉波最後的獻策是勸王設法脫出民氣囂張的巴黎，別遷於民論平靜的地方，召集國會，重定憲法，這個主張若行，可以制民黨的死命。無奈王室眾論紛紜，遲疑不決，因此坐失機會。

一七九一年四月一日，米拉波病重死去，臨死時曾嘆惜道：“我現在將我的肉體與法蘭西的君主制一同帶去了，我死之後，諸黨派必因殘餘之物而演成相爭之慘劇。”他的預言後來果然應驗。

法蘭西在這一個非常的時期死去了這樣的一個偉大的領導人物，實在是莫大的損失。

第八章　日暮途窮的法國王室

法國的大革命之促成其原因雖很多，但財政問題要算是最困難的問題了。三級會議的召集也是為的是財政困難，巴斯的的陷落也是為的是人民生計窘促。因此米拉波才有國家四敵之嘆。自三級會議以來，法國的財政當局一直是芮克，這個人祇可算一個良銀行家，但非挽救難局的國手。法國財政在大革命之初，已經陷於絕地。據一七八九年五月三級會議開會時之財政報告，當時政府歲入三億五千七百萬利華，歲出五億四千一百萬利華，出入相差至一億八千萬利華以上。芮克對於這種情形，僅以補苴罅漏的緩進手段對付之，自難滿一般人之意。而議會方面又多不懂實際困難之理想分子於一七八九年十一月貿然決議將舊稅收一律廢止，另為新闢財源之計畫，結果弄得政府全無收入，只有募集公債之一法，又提出徵收所得稅的提案，均以礙於事實，不能切實執行而失敗。最後議會通過一個沒收教會財產的動議，照他們的計算，教會的全部財產評價在二十三億利華以上若一齊沒收變賣，足可清償歷來國債而有餘。殊不知實際執行起來，與當初想像大相逕庭。第一，教會財產每年收入七千萬之中，有二千萬是作教會附屬的學校醫院等事業維持之用的，政府接收之後仍須繼續支出，剩下只有五千萬利華一年，為數不多。第二，教會產業多屬不動產，一時難以變賣，價格自然低落，且因產業接收混亂之際，為佃戶等蒙蔽乾沒者亦不少，政府無力收回。第三，教會財產沒收之後，政府須支出一億五千多萬的教會維持費及賠償金等，更屬一時重大的擔負。這些困難都是議員們當初所想像不到的。沒收教會財產的結果，徒引起社會上惡性的投機行為，政府財產愈加困難，芮克遂不得不辭職了。

自一七八九年以後，政府紀綱廢弛，暴動屢作，地方上的農民、都市中的失業者，一天一天氣燄囂張起來，米拉波與芮克死的死，失敗的失敗，政府和議會都沒有中心人物來維持眾望，國事越發的江河日下。

自米拉波死後，王室與議會的感情愈趨惡劣，議會對於宗教的種種決議實行以來，在信仰心强的路易十六看來，是非常為教會不平的。一七九一年四月十八日，王因出外祭祀，又受民衆的包圍侮辱，困處馬車內至十二小時之久，歸來越發的憤憤不平，出走巴黎之計遂決了。

王族出走的計畫本係米拉波生前的建議，但米拉波主張王出走之後，須立卽召集議會，制定新憲，以緩和民氣，絕對反對王族的借助外力，恢復王權的迷夢。至是王室因不堪壓迫，又想起出走的計書，但他們心目中仍满懷有恢復舊制的野心，不肯照米拉波當年的計畫去做。因為王后是奧國的公主，所以想借奧帝立歐泊爾德第二 (Leopold II) 的勢力，來援助法王的恢復運動。但是當時奧帝旣無干涉法國內政的決心，而法國逃亡在外的貴族又與王室不協，想用借刀殺人之計，故意大張旗鼓，勸奧國以勤王為名進攻巴黎，以激起暴民對王之反感。幸奧帝不肯聽從他們的計畫，但風聲所播，王室越發危險，而逃亡之計也越急迫。

一七九一年六月二十日王族一家得俄國貴夫人之援助取得出國之旅行券，遂於夜半乘馬車向蒙密其 (Montmèdy[1]) 出發，蒙密其是

---

[1] “Montmèdy”, 當作 “Montmédy”, 今譯“蒙梅迪”。——編者註

距巴黎不遠的一個鎮市，為王黨將軍布益野侯 (Bouillé) 駐紮之地，他的兒子布益野男爵就是爲王策劃出走的一個人。由巴黎赴蒙密其有兩條路：一條是近路，經過來因斯 (Rheims)；一條路稍迂遠，並須經過過激派的巢穴凡爾登。布益野男爵請王從近路走，但王因曾在来因斯舉行過加冕禮，恐被人認識，因此堅執須走遠路。沿途因為馬車的損壞，及王的朝餐等延誤許多時間。次日晚間行抵聖米奴爾 (Sainte Menehouid) 地方，忽為旅店主人所注意，幾被擒獲。雖經奮❶門逃脫，但行抵瓦倫 (Varennes) 地方之後，終被民衆識破，擒獲歸巴黎。布益野將軍所派的救援兵尚在中途，不及救援。布益野親率兵來追，將士皆躊躇不從，倒戈相向，布不得已也逃往國外。

王由瓦倫被擒歸巴黎，革命派議員派三人來迎，巴黎市沿道貼不知何人所為之標語，內容謂“讚王者鞭，辱王者斬”，故王在萬衆沉默之中被送入巴黎。與路易十六之逃走計畫失敗相映者則有王弟布洛温伯爵之逃走成功，後來延法王室一線之正統。

王當六月二十日之夜脫去巴黎之時，曾留有宣言書一通，內容將從前王所承認之國民議會的決議全部推翻，認為係由於脅迫非自由意志。這樣一來無寧表示王對國民的無誠意態度，王的信用全然掃地而前途命運也就更加暗澹了。這時候過激派議員如丹頓等公然在街市演說，煽動民衆，認王為叛逆者，更有人主張搜索嫌疑者的住宅，但未得通過。穩健派議員如拉法夷脫等則極力鼓吹新憲法之成立，以防止過激之行為。這時候對王出走之事應如何處分，成為問題，有主張加王以罪，廢之而予以裁判的，有主張援英吉利之例，王不負責任，而施罰於從亡諸臣的，後經穩健派之調停，決定暫行停止王權，俟新憲法之成立。

❶“奮”當作“奪”。——編者註

自此以後民衆之中有中流階級與下層階級之爭，議會之中也有立憲黨與共和黨之爭。丹頓與羅拔士比兩人以下層社會為後援，在議會中力唱共和政治的主張。二人同是律師出身，羅拔士比是個極端的空想家，而丹頓則為一富有實際手腕之政治家。此外議會之外尚有馬拉(Marat）為民衆運動的首領，此人係一著名的醫學家，科學成就甚高，大革命起後始投身政治運動，晚年因患病，故猜疑最深，力主殺戮。是時共和黨密謀於一七九一年七月十七日巴斯的陷落後二週年紀念日後三日，署名議決廢王，拉法夷脫事先與巴黎市長巴依商量，欲加以阻止，不果。是日羣衆大會遂因誤會而起衝突，暴民高揚赤旗，攻擊市廳，喻之不退，幸拉法夷脫率國民衛兵來援，開鎗示威，羣眾始散，死傷三百餘人。事後馬拉名之爲香得馬爾（Champ-de-Mars）之虐殺，引爲攻擊政敵之絕好資料。後半恐怖政治時代，巴依卽以此罪受革命裁判所的暴刑而死。

此事過後，暴民黨一時失敗，丹頓與馬拉等都暫時逃避，而中等社會組織的費亦林黨（Feuillants）得到勝利，但這種勝利是不久的。

第九章　立法國民議會的成立

由三級會議改組的立憲國民議會，自將憲法制成後，任務已經終了，遂於一七九二年八月二十五日宣告終局，另外選舉新議會，就是後來有名的立法國民議會。這個新議會選出的分子與前屆議會大不相同。七百四十五名護員[1]之中，極端保守派已全無分子，法律家律師最多，約四百人，佔全體的過半數，新聞記者也不少，僧侶甚少，因爲新憲法剝奪僧侶的特權，故信仰深的高僧多不肯服從憲法競爭選舉。

護會[2]之中極端保守派如從前的王黨現已全無，蓋因懷抱極端保守思想的貴族多已逃出國外，賸下的多是懷抱進步思想的人。最多數黨爲費亦林黨，約有百六十四人，卽七月十七日事變後得勝利的溫和派，其次爲急進黨，卽左派，約有百三十五人，爲議會中的第二黨。最後爲極左派，內中又分吉隆丹黨（Girondins），與極端甲哥班黨（Jacobins enroge' s）兩派。這兩派後來雖成爲旗鼓相當的生死寃家，但在議會初開幕時，他們還是聯合爲一條戰線的。因爲這兩派人都是主張廢止王政建立共和的，與溫和派之主張維持王政者不同。吉隆丹黨的中心人物爲吳爾尼（Vergniaud）、高特（Gaudet）、吉宋尼、（Gensonne）、羅蘭（Roland）及其夫人等。這一般人大約多是理想甚

❶“護員”當作“議員”。——編者註

❷“護會”當作“議會”。——編者註

高而缺乏實際手腕的人，故後來爲山嶽黨所戰敗。

極端甲哥班黨在議會中本佔少數，其領袖爲米蘭特其維爾(Merlin de Thionville)，這一派人的勢力與其說在議會，毋寧說在議會之外，七月十七日事件失敗後一時暫斂聲跡，暗中仍極力活動的丹頓、馬拉、羅拔士比等才是他們的真正首領。他們的真正勢力在下層民眾之内，他們不擁護一七九一年的憲法，不信任王室，仍主張極端的政策。

在這個時期我們應當注意的，就是截至立法國民議會開幕以前，懷抱澈底的共和政治思想的人還是甚少。十七世紀末年的啟蒙文學派無一人懷抱共和思想，革命初期的三級會護[1]及立憲國民議會的議員，大多數都是主張君主立憲政體的，當時一般輿論，也都是謌頌王室的居多，蓋法國的大革命最初的對象本爲貴族，並非王室也。但自一七九一年以來，因王室對於人民不忠實行爲的結果，民間對王漸起反感，故立法國民議會開幕以後，共和思想漸佔一部分勢力，革命風潮愈加醞釀不已了。

但是此時王室信仰尚未完全失墜，猶有挽回之可能，故新憲法成立，王對之宣誓以後，人民又稍稍表示歡迎。不幸這時脫走的貴族，在外多方援引外力，謀干涉法國内政，在他們的意思祇想恢復貴族特權，對於王室本懷不満，故不顧王室的安危，故意以恢復王權爲名，致引起人民對王室的懷疑，而禍機遂日迫。

一七九一年八月，普王弗來得立克威廉第二 (Frederick Willian II)與奥帝立歐泊爾得第二會於匹爾尼次 (Pillnitz)，宣言法國秩序與王權的恢復，爲關係全歐洲的重大問題，要求各國協力同意，觀察其結果而後加以干涉。這個宣言發表以後，引起法國人民的敵愾心，以爲

[1]“會護”當作“會議”。——編者註

歐洲列强與法國的保守勢力勾結，有妨害法國革命運動的危險，因之主戰的空氣日盛一日。對於王室猜疑也日甚，因爲王后是奥帝的妹，故人民對於王后更加不信任，其實以後來史料證之，王后之愛法國，也並不下於人民的。

這時候主戰最激烈的爲吉隆丹黨，其領袖布利梭（Brissot）自命爲外交通，欲借外戰以弱王權，故主戰最力，反之如王黨則以爲開戰後王權必張，故亦贊成宣戰，而甲哥班黨則也怕王權之擴張而反對戰爭。

這時議會對於脫走貴族的反感也愈高，十月三十一日，通過議案命王弟布羅溫斯伯爵於兩個月内歸國，逾期不歸，則剝奪其攝政的權利，到一七九二年一月一日以前倘不歸國之貴族，悉認爲謀反人，沒收其全部財產，並宣告其死刑。但此議案通過之後，王利用他的中止權將此案退回，因此民間更疑心王與逃亡的貴族暗中有勾結了。

恰好這時候巴黎市長巴依的任期已終了，各黨都競爭後任市長。溫和派推舉拉法夷脫，而羅拔士比等過激黨則推柏其翁（Petion）爲候補者。論資望柏其翁本遠不及拉法夷脫，不幸王后誤認拉法夷脫不如柏其翁好操縱，反竭力助柏其翁當選，結果柏氏竟得當選。這真是王后的自殺舉動。

此時議會中主戰主和兩派意見衝突愈甚，拉法夷脫因市長選舉失敗，謀開戰後獲得兵權，遂一變而爲主戰派，因此宣戰的聲浪越高。一七九二年三月，遂改組舊内閣，而以主戰之吉隆丹黨人物組閣，外交總長爲楮牟利（Dumouriez）雖非吉隆丹黨人，而實爲長於陰謀之人，他迎合主戰派的意思，遂於四月二十日由議會通過對普、奥宣戰。這就是綿亙二十年的歐洲大戰之開始。

自對外宣戰以後，吉隆丹黨與甲哥班黨的主張愈趨分離，甲哥班黨的反對戰爭也越激烈。戰事開始後，法軍三路侵入比利時，兩路俱敗。吉隆丹黨爲補救失敗起見，一面改革軍隊，一面通過一個議案，定於巴斯的爾[1]陷落的紀念日，舉行全國人民的聯合祝賀式，每縣送人五名，總數二萬人，祝賀畢後，即將此二萬人改編成軍隊，衛護巴黎。蓋吉隆丹黨的根據地本在各省對於巴黎市民甚懷疑忌，故提出此議，甲哥班派則反對之。王也恐怕吉隆丹黨的勢力太大，故不肯簽署。羅蘭夫人向王提出陳請書，内容甚爲無禮，使王不能堪，遂於六月十二日將吉隆丹黨閣員免職，另命楮牟利爲陸軍總長，實際操内閣的政權。不久，楮牟利也辭職，另命拉法夷脫派的人物組織新内閣。

巴黎民眾雖非屬於吉隆丹黨，但究屬同爲民黨，不無兔死狐悲之感，因此對於王的改組内閣一事不滿意之聲大起，多數民黨暗中運動，擬於六月二十日起來作示威運動。在吉隆丹黨的心理但想藉此運動迫脅王室，同意於懲罰對於新憲法不肯宣誓的僧侶，及恢復民黨内閣，但在甲哥班黨則更欲從此實行恐怖政治。這一次運動不比從前幾次的漫無準備，這一次是有組織的、有計畫的，主其事者仍是甲哥班派。他們決定以請願爲名，實行暴動。六月二十日的早晨，羣眾集合約有七千人，加以旁觀者及彈壓的國民衛兵等，人類頗爲眾多，先向議會請願，議會中經憲政與共和兩派爭辯之結果，決定受理人民的請願書。午後三時半頃，人民由議會退出，整隊向王宮進發。此時王宮前已有軍隊嚴重警備，羣眾本不敢突入。且原來煽動者的意思，也僅不過希望羣眾在王宮前作一番示威運動，以減少王的信仰而已。不料此時王宮偶爾疏忽，有一個側門開放，羣眾於退却之際，忽然發現此門，遂一擁入了王宮；並要求守衛開放宮内的禁門，以便謁見王。經交涉的結果，王允許開門放代表三十人入内，不料禁門一開，羣眾登

[1] “巴斯的爾”即前文“巴斯的”。——編者註

時擁入，衛兵不敢發砲，羣眾遂擠至王前，向王肆爲種種無理的言辭，甚至罵王爲奸細。幸路易十六此時頗能鎮靜，親臨窗際對羣眾表明自己的心跡，羣眾見了王溫良沉靜的態度，漸漸轉怒爲敬，氣燄漸低。市長柏其翁本是暴民的一黨，事先故意不理，這時才慌忙趕到，假作調停。羣眾得了柏其翁的吩咐，始漸散去。這時候王后也幾遭危險，幸賴侍臣保護，得免暴民侵入。事後王與王后夫婦抱頭而泣，旁觀者雖過激黨員也爲之下淚。

事後市長柏其翁免職，以正當日之罪，但王與羣衆的感情更惡劣了。

第十章　大革命與歐洲列國

法國大革命本是一國的內政問題，但結果引起全歐洲各國的注意和干涉，造成以後二十年的歐洲大戰爭，這個責任是法國和其他各國應當分負的。原來大革命之後，出走貴族在外卽多方運動列强，對法民黨加以干涉，但最初奧、俄諸國皆不願干涉法事，且有對逃亡的貴族加以拒絕的。僅有一瑞典王高斯他夫第三（Gustav III）懷抱保守主義，欲組織同盟，干涉法事，但國遠力微，無大關係。俄女帝加撒林第二（Catharin II）與奧皇立歐泊爾得第二，都是受過啟蒙文學洗禮的人，故對法民黨頗表同情。不過因爲與法王是姻親的關係，不得不多少加以援助。法國的民黨因爲誤認逃亡在外的貴族勢力甚大，能彀影響法國，且以爲奧國真欲干涉法國的內政，因此張皇失措，應付不免過激，這是兩國所以終出於衝突的主要原因。

這時候與法國大革命有密切關係的事件，爲我們所不可不注意的，便是波蘭的問題。原來波蘭本是東歐的大國，自十七世紀以來，內政腐敗，國勢不競，致啟强鄰的覬覦。一七七二年，俄、普、奧三國第一次瓜分波蘭。事後，波蘭的新派貴族憤專制之腐敗，起而爲革新的運動，主張聯英、普以制俄。普魯士爲對抗俄國起見遂極力與奧國接近，這是普、奧聯合干涉法亂的遠因。

一七九一年八月，普王與奧帝會於匹爾尼次，協商波蘭問題，遂聯帶的論及法國的事件，共同發表了一個宣言。這個宣言本來不過爲敷衍人的耳目起見，兩國都無對法用兵的决心，不料法國民黨不明這種內情，誤認外患卽在眼前，因此戰爭的空氣漸漸濃厚起來。

此時促進外戰勃發的原因，還有一件小問題，就是亞威農市(Avignon)住民的運動問題。亞威農本是教皇從法國受來的一片小領土，一三〇九年教皇受法王威脅，從羅馬遷居此地，凡傳七世，其後教皇雖還羅馬，而亞威農遂長成爲教皇的領土。自法國革命以後，亞威農的住民遂起了與法國合併的運動，但忠於教皇的人起而反對，兩派遂起衝突。其後親法派戰勝，法議會也承認合併。但教會派與親法派因此衝突愈甚，親法的過激黨人竟實行恐怖政治，將反對黨虐殺許多。這一件問題也引起各國天主教徒的反對，而討伐法革命黨的空氣愈盛。

一七九一年十一月二十二日，法國國民議會根據外交委員的報告，要求政府向萊因 (Rhein) 選舉侯等抗議保護逃亡貴族的事件，這是對外宣戰的先聲。爲此事議會中平和、激烈兩派意見爭執甚烈，主戰派卒戰勝。十一月二十九日，議會議決要王向德意志的諸選舉侯要求解散逃亡貴族的軍隊，更換法國外交當局，以愛國的人物當其衝，並集中必要之軍隊於國境等案。王和政府諸人雖不贊成此舉，但不敢違抗議會的意思，乃將政府改組，並於十二月十四日向脫雷爾 (Trier) 的選舉侯提出通告，若該國於一個月內不將逃亡貴族的軍隊解散，則認爲法蘭西之敵國，一面於北方國境分配十五萬的軍隊，分爲三軍，以羅沁波 (Rochambeau)、盧克臬 (Luckner) 及拉法夷脫三人爲統帥。但是王一面雖向敵國提出最後通牒，一面却暗自致書於當時各國君主，要求其原諒他不得已之苦衷。

法國議會這樣挑戰的舉動，自然非鄰國所能忍，因此奧皇立歐泊爾得第二對法宣戰之意也漸堅起來。一七九二年三月七日，奧、普兩國締結同盟，一面解決波蘭問題，一面對法取一致的步驟。

法國議會的外交政策此時也集矢於奥國，一七九二年開頭以來，兩國互相通牒辨駁，但奥皇仍持愼重態度，不欲過趨極端。不幸此時奥皇立歐泊爾得忽然薨逝，其甥佛蘭西斯二世 (Francois II) 嗣位，力主對法宣戰，而法國的主戰派吉隆丹黨也適於此時執政，兩國感情遂無調和之餘地了。

一七九二年四月二十日，法王及大臣們親臨議會，提出開戰的問題，投票結果，僅有七票反對，遂以大多數通過對奥宣戰。

當時法國的形勢，甚爲孤立，幸賴外交總長楮牟利的敏活手腕，得以稍挽回不利的形勢。楮牟利的外交政策，第一着在使奥國孤立，因此極力謀與普魯士接近，陰命其駐柏林的公使勸誘普王與法國同盟，對奥宣戰，但普魯士的反法空氣很盛，未能成功。四月六日，普魯士遂宣告對法絕交。但楮牟利猶暗中進行和議，至四月二十九日普對法宣戰後，始絕望。法、普聯合之計劃雖失敗，但此外各國則多守中立。西班牙及南德意志諸小國皆不肯爲左右袒，英國人更多同情於自由主義者，自然也不肯幫助奥國。因此，對法宣戰者。就止有奥、普兩國。

楮牟利的外交政策既然有一半成功，第二步便準備軍事布置。他的戰略，是出兵爭取比利時，以挫奥軍的聲勢。命盧克臬以斯托拉斯堡 (Strassburg) 爲根據，以牽制在亞爾薩斯 (Alsace) 方面之敵軍；命拉法夷脫居中，率領一萬精兵，由基服 (Givet) 出發，進窺那米爾 (Namur) 以直搗比利時的首府不魯塞爾 (Bruxelles) 及里愛巨 (Liege)；又命羅沁波率二個師團往助拉法夷脫；畢隆將軍 (Général Due de Biron) 率一萬人，由瓦倫新奴 (Valencienne) 進攻門司，(Mons) 李蘭將軍 (GeneraI Tbeob dd Lillen) 率四千人由里爾 (Lille) 進攻提

爾尼 (Tournay)，加爾將軍 (Carle) 率一千五百人由但開克 (Dunquerque) 進攻佛爾尼 (Furnes)。當時奧國守軍不過三萬人，照楮牟利的計畫，本可以一舉攻破。

不料當時法蘭西的軍紀已經紊亂到萬分，戰事一開，這種醜態立刻暴露出來。狄雍 (Dillon) 的軍隊未遇敵人，卽起兵變，將大將狄雍殺死。畢隆的軍隊在門司地方爲少數奧軍襲擊，竟致全軍潰退，拉法夷脫受其影響，也只得引退。楮牟利的攻擊方针，至此完全破壞。而盧沁波又因憤杜美利茲的干涉，自行辭職。開戰不到一月，敗象已經呈現了。

原來法蘭西軍隊的腐敗情形，由來已久。將校位置多爲貴族所把持，以目不知兵之紈綺子弟，憑籍門蔭，獲得軍權，不過爲誇耀社會的地步。政府也將軍職看作是賞賚勳貴的虛榮品，增加許多虛職。因此，有才能的將官不易自見。將校因爲出身貴族，因此平日旣不注重訓練，又不能善待兵卒，上下不和，感情久已積鬱。及大革命初期，自由思想漸漸傳佈到軍隊之中，尤以砲兵感染革命思想最深，故對於將校，時起反抗，秩序更爲紊亂，國民議會爲整頓軍紀起見，於一七八九年九月三十日，選出十二名軍事委員，討論改革軍政事宜。伯爵克蘭西 (Louis Alexis Dubois de Crancé) 主張採用全國皆兵的徵兵制度，但經多數否決，僅由委員會提出毫無常識的修正案，成爲法國革命以後的新兵制。

新兵制定法蘭西的常備軍爲十五萬人，兵士由志願徵集，有一定薪俸，將官之數限於九十四人。軍隊的舊有特別名稱廢掉，依數字次序分編。下級士官一部分由兵士中拔選，四分之三由士官學校出身者選用之，依在職年限及才幹而進級。爲改革舊日軍隊行政上的惡習及使軍隊與普通國民無區別起見，決定除特別情形外不要軍法會議，軍人犯法也受普通的裁判；每隊的軍需由士官中選出二人，兵卒中選出三人組織委員會擔任之。兵士對於長官有不平時，得向文官官吏告訴。軍隊受其所在地的政府與市政府的指揮。兵士得組織以政治或其他事項爲目的的俱樂部，又得向議會提出請願書。以上這些改革固爲救正昔日軍隊之弊失，但矯枉過正，有些辦法太無常識，結果遂使軍紀完全紊亂，不可救藥。一七八九年以後，軍隊之逃亡者日多，不但不受懲罰，却爲人歡迎。士兵對於將校毫無禮貌，時起爭端，法兵之一出即敗，實由於此。

第十一章　王政的顛覆

六月二十日羣眾侮辱國王的事件，引起了地方人民對國王的同情，因此王室利用這個機會，頗想從事恢復王權的運動。但欲求恢復實力，非依賴實力不可。當時最有實力且兼具聲望爲民眾所信服者，莫過於拉法夷脫，因此拉法夷脫的舉動遂爲一般人所注目。拉法夷脫在六月二十日事變未起以前，就不滿意於議會的舉動，曾致書於議會，對於甲哥班及吉隆丹兩黨行動均有抨擊，因此與民黨已有惡感。及六月二十日事件發生以後，就有許多人勸他趁此時機實行勤王，以擴張自己的實力。因此拉法夷脫於六月二十八日親赴巴黎，直赴議會，面責此事的主動人物。當時議會畏懼他的勢力，頗有些人張皇失措。幸議會中的急進分子，應付甚爲靈敏，當卽有人出來提議責問拉法夷脫不奉命令，擅離防地，潛赴巴黎之罪，提議雖經多數否決，但拉法夷脫的人望不免受損。當時巴黎的國民衛兵，對拉法夷脫猶存好感，故拉法夷脫從議會出來之後，卽有多數衛兵包圍，向之喝采，拉法夷脫倘若利用這個機會，實行苦迭打，一舉將激烈分子剷除，非不可能，不幸拉法夷脫素性優柔寡斷，王室對他又取冷淡態度，因此竟失掉絕好的機會，至六月三十日拉法夷脫竟茫然而去巴黎，歸回原地，從此他的人望全失，而反對黨的氣燄反愈盛了。

自此以後，民黨更想澈[1]底破壞王的聲望，以絕禍根。七月三日，吉

[1] “澈”當爲“徹”。——編者註

隆丹黨領袖吴爾尼在議會演說，公開攻擊王與敵人勾通的罪狀，大煽排王的氣燄。演說的結果，七月十一日議會通過議案，爲救祖國的危險起見，送八萬五千的義勇兵於國境，“祖國危險了”一語，遂成爲恐怖政治的口號。

當這個時候，國内排王的空氣已經很盛，恰好國外敵人方面又給湊了一个很好機會，這便是不倫瑞克公 (Herzog von Braunschweig)的宣言問題。不倫瑞克公是德意志的一個小諸侯，七年戰爭以來的老名將，自身本不贊成普魯士的干涉法事，惟因普王堅執欲戰，遂被任爲奥普聯軍的統帥。他的作戰計畫，係以普軍進盧森堡 (Luxemburg)，略取附近重要都市，以進攻凡爾登 (Verdun)，以奥軍一部守比利時，保護不魯舍爾，一部也集中盧森堡。另一部分主力軍隊則向繆斯河 (Meuse) 進發，圖與普軍聯合。他的作戰計畫本來不錯，可惜動員遲緩，諸事不如意，因此不能迅速達到目的。恰好其時波蘭問題又形緊急，普政府的意思又想出兵波蘭，以爭東方，置法事於不顧。七月十九日奥帝普王及其他德意志小諸侯會於佛蘭克福阿曼 (Frankfurt-am-Main)，討論波蘭及法國問題。法王路易十六也派密使來向兩國提出條件：一，列國宜依照國際法提出抗議；二，宜使法王獲得自由，他人不得爲最後之談判；三，法國内政宜一任法王整理。兩國均予同意。法王密使又要求兩國對法蘭西人民發表宣言，解釋此次戰爭之性質，第一須聲明決非侵略的，第二決不以恢復舊日封建制度爲目的。但後來發表的宣言，第一條雖然明白宣布，第二條却故意含糊其詞，未表示眞確態度。

七月十七日，以不倫瑞克公的名義，發表對法蘭西人民的宣言，内容本係法國逃亡貴族所執筆，故措辭極爲激烈。略謂聯軍侵法係爲恢復王權起見，如有反抗的都市當以最嚴格的軍法處罰之，如有對王及王后加以危害的，將以巴黎市全部之破壞爲賠償。這個宣言發表之後，他們以爲可以將法國民黨的氣燄壓伏下去，却不知法蘭西人民的性格向來是吃軟不吃硬，這樣一來，反使法國民衆以爲敵人壓迫即在目前，而激起他們熱烈的愛國心，對於王室更以爲係敵人內間，非除去不可，王政之顚覆運動遂日急一日了。

自六月二十日事變之後，王雖一時獲得同情，但不久因外兵侵略的關係，又爲人民所疑忌。七月十日，拉法夷脫所操縱的內閣解體，王越發陷於孤立。次日議會卽議決借祖國危急之名，編制八萬六千人的義勇兵，向國境進發，以威脅內外的敵人。七月十三日，議會更非法的議决，取消市長柏其翁的停職令，其目無王室的舉動更令路易十六哭笑不得了。

我們在前面已經看過議會曾經通過議案，於巴斯的陷落的紀念日，召集二萬人的聯盟軍，屯守巴黎。王當時反對此議，曾使用中止權打消此議。但此刻巴斯的紀念日已近，議會仍照原議徵集隊伍，並否認王的中止權，王也終於屈服。各地方應召的兵隊源源而來，集中於巴黎，民黨乘此播風弄火，大有氣吞王室之勢。政府爲抵制暴民起見，曾密令各地方長官，速選派國民衞兵，以牽制在聯盟軍名義之下侵入巴黎的軍隊。

聯盟軍陸續開到巴黎，王黨、費亦林黨、吉隆丹黨和甲哥班黨都爭相聯絡。因爲甲哥班黨的活動手腕最高，故漸漸將聯盟軍都牢籠在他們勢力之下。七月十四日的巴斯的爾陷落紀念日，因聯盟軍所到不多，故平安過去。此後聯盟軍陸續到來，巴黎人民熱誠歡迎，市中頓呈活氣。甲哥班黨人在此時期也大顯其身手，着着進行其顛覆王政的陰謀。

替甲哥班黨人添極大聲勢的，是七月三十日馬賽（Marseillaise）

聯盟隊的到臨。馬賽隊是義勇兵中最驃悍、最激烈的一隊，他們一隊有五百三十人、大砲二門，沿途唱有名的《馬賽革命歌》，從馬賽一直開到巴黎。

《馬賽革命歌》是工兵大尉李爾（Captaine Ronget de Lisle）所作，成於一七九二年四月二十四日之夜，内容本含有君主立憲的主義，因其歌詞清新活潑，投合時好，忽而流行於法國南部，尤以馬賽最爲盛行。竟成爲革命中最著名的歌曲，至今成爲法國國歌。

馬賽隊開到以後，甲哥班黨的聲勢驟盛，吉隆丹黨看見形勢於自黨不利，遂轉而與王謀妥協。勸王力守憲法，與議會中穩健分子結納，以恢復人民之信用。吉隆丹黨這種建議未爲不是，不過七月三日在議會演說力攻王室，破壞王的威信的，也是吉隆丹黨的領袖吳爾尼，現在又轉而與王妥協，狐埋狐搰，徒失信用，於事已無補了。

自七月以後，巴黎市的各區有公然向議會建議請廢止王政的，革命風潮愈釀愈烈。大抵北方及西北諸區多守君憲主義，東方、東北及南方諸區則革命色彩極濃。當時巴黎市四十八區之中，最過激派約有二十八區之多。他們起初尚不相聯絡，後來經市長柏其翁等的暗中奔走，遂聯絡一致。組織暴動總指揮部（Directoire de Iinsurrection）丹頓，羅拔士比等都在暗中指揮一切。他們因爲國民衞兵多是中流階級出身的，與穩健派相聯絡，不易爲過激派所利用，因此提出一個動議，以挽救祖國的危機爲名，將國民衞兵的資格擴大，凡屬人民均可充當衞兵，這樣一來，甲哥班黨所指揮的下層民衆就可混入國民衞兵之内，而增加該黨的實力了。

過激派的運動着着進行，形勢一天一天緊張，外間也謠言四起，王室自然也不能不籌應付之策。有些忠臣勸王再行逃亡，依賴地方勢力，再起勤王之兵，王終因對於地方的有力人物如拉法夷脫輩不能信任，因此不肯從他們的計畫。一面也因自己有一部分瑞士的近衛兵，自信可以抵抗亂民的暴動，故不肯輕舉。不倫瑞克公的宣言發表以後，法民排王的氣燄忽然高漲起來，甲哥班黨利用這個機會，更着着進行他們的計劃。八月四日，有幾個暴動總指揮部的委員將暴動實行的詳密計畫已經製定，由巴黎市的兩區定於八月十日向國民議會提出廢止王政的請願書，以兩區的兵力爲後盾。表面上提出請願書，實際上就是暴動實行的第一步。

請願書的消息傳佈後，王室知道危機已經在目前，即開御前會議，籌備應付之法。當以巴黎市長柏其翁係過激派人物，不能信賴，遂專依賴國民衛兵的總司令孟達 (Mandat)，他部下有最忠誠的瑞士傭傭兵一團，足以對付暴民。因爲法國兵士自革命以後多傾向民黨，故王室只好依賴外國傭來的兵。此外尚有忠王的紳士們約二百餘人，見王室危險，自願入宮護衛的。孟達的國民衛兵十二大隊，不過二千人左右，彈藥甚爲缺乏，平均不過一人一彈。他們鑒於六月二十日事件的經驗，先將砲兵分配於羣衆經過的孔道名叫新橋 (Pont Neuf) 的，以斷革命黨各區的聯絡。此外集中五隊衛兵於市廳，以威脅羣衆進出的背後，與前面堅守的瑞士隊相呼應，計劃甚爲萬全。

當時巴黎市長柏其翁雖係過激分子，但市議會多數議員則係反對過激運動者，故柏其翁不敢表示真正態度。甲哥班派乃開始壓迫市議會，以輔助市議會應付危急事務爲名，逕由各區各選出委員三名，突於八月九日晚集合市議會，擾亂議事秩序，壓迫舊有議員。市長柏其翁則故意揑成圈套，假裝爲羣衆所捕，避匿他所，以爲事後卸脫責任之地步。因此市議會就入於過激派的掌握了。

經過一夜的奔走運動，到一七九二年八月十日的破曉，準備業已成熟，革命之戰鼓勃鳴，手執武器的羣衆突然集合。法國的砲兵本來感染革命思想最深，因此新橋的守兵竟不奉主將命令，自動的將砲移開，讓羣衆自由通過。上午六時半，革命黨以市長柏其翁的名義召國民衛兵司令官孟達到市政廳詢問詳情，孟達不察情偽，冒然前往，竟遭羣衆暗殺。衛兵既無首領，於是市廳附近的駐兵遂一鬨而散。王室更孤立無援了。

午前八時，羣衆遂向王宮進發。侍臣們向王進議，請其親自撫循守宮的瑞士衛兵，以激厲他們的勇氣，不料王此時勇氣忽失，言語吶吶，態度消沈，反給衛兵以不快的感想。當時拿破崙曾寄寓在王宮附近的人家，目覩其事，事後告人謂倘使軍隊用力抵禦，暴民決不足畏，後來拿破崙自身的顯拔，果因率領軍隊抵抗暴民一役而起，可見當時王室非無挽回之方，不過路易十六非其人罷了。

這時候，路易十六已經勇氣全失，恰好有人又勸他逃往立法國民議會，求議會的保護，以圖安全，他們以爲議會中君憲黨佔多數，必能保衛王室。王竟聽信此計，雖經王后的堅決反對也不肯改變意旨，竟於早上，王宮未蒙民軍一彈之先，悄然的偕帶一行人等，逃往議會。大臣王族均陸續從行。祇留下少數瑞士兵守禦王宮。王既到議會，遂爲議員留於一側室中，幽閉四十八小時之久，耳聽王宮附近的礮聲，眼看大勢的失敗到底。

王族等離開王宮之時，並未向留守兵留下何等命令，因此衛兵無主，只得人自爲戰。暴民大隊攻進宮內，瑞士兵捨死背牆而戰。王此時更加昏亂，竟以手令傳諭瑞士兵退出王宮，任聽暴民擁入。王宮大遭暴掠，毀壞不堪，且縱火焚燒。尚有一部分不知退却命令的瑞士兵，竟遭暴民全體屠戮，宮中執役也有遭殺的。

此時市議會舊議員業經被逼辭職，新市議會卽刻成立，推舉代表向國民議會請求廢止王政。國民議會議長吳爾尼立於講壇之上，宣布依巴黎二十一區委員會之請求，法蘭西人民應制定新憲法，依新憲法改選新國會，行政首領的王，在新憲法未成立以前，暫行停止其執行政務之權力。這個提案竟遭通過，蓋此時王黨及費亦林黨議員多已逃避，賸下的吉隆丹、甲哥班兩黨都是共和主義者，因此就多數通過。王此時幽閉在議場旁的小室之中，親耳旁聽他的王位被人廢止的一切經過手續。從此，自紀元九八七年以來傳國八百十三年的法蘭西王朝，竟輕輕廢掉了。

王權廢止後，議會卽將內閣改組，並從事恢復秩序，計這次事變，犧牲者雙方約千人左右，有許多王黨多被慘殺，王室勢力從此一蹶不振。

第十二章　恐怖政治的開幕

王政廢止以後，由國民議會選出二十一人，組織委員會，當行政之局，内中多數爲吉隆丹黨，新聞紙的大部分也多操於吉隆丹黨之手，故此時吉隆丹黨人頗爲得意，對於甲哥班黨不免存輕視之心。甲哥班黨雖有市議會在其手中，但係非法選出，故不易得人同情。不過甲哥班黨多實際有幹才的人，不比吉隆丹黨人的空疏不實，故能以市議會爲根據，逐步發展實力。對於國民議會漸倡反對的論調。此時王雖實際被廢，然名義上不過暫時中止職權，一旦新憲法制成，猶有復職之可能，故一般勤王派心終不死。一般中產階級，恐怕秩序之過於紊亂，也都懷想舊政。因此過激派認爲反動尙多，非澈底實行恐怖政治不可。羅拔士比遂在國民議會提議設立國事裁判所，經議會可決，遂制定有名的嫌疑者取締法 (Loi des Ssupects)，設立革命裁判所 (Tribunal Révolutionaire)，以爲剷除反動分子之用。於時穩健派人人自危，不得不爲自救之計。當時君主立憲派最有力的後盾就是拉法夷脫，他在外擁有强大的兵力，人望甚高。此時他在綏丹 (Sedan) 駐紮，得王被廢之信後，遂大行閱兵典禮，並將巴黎市會所遣使者三人捕縛下獄，並聯絡其他將領，共同勤王。不料巴黎國民議會得他逮捕使者的信之後，卽議決認他爲叛逆，下令逮捕，他的軍隊多懷抱革命思想，不肯服從他的命令，其他將領也表示服從新政府，拒絕聯絡。拉法夷脫不得已，遂於八月二十日逃往荷蘭，後爲奧軍所捕，下了監獄，至一七九七年始釋放。

拉法夷脫失敗後，杜美利茲代爲國防軍司令官，甲哥班與吉隆丹兩派，遂共同謀將君主立憲派一網打盡，八月十五日，將王朝的最後內閣大臣，費亦林黨的名士狄博爾（Duport）等數人逮捕下獄，這是恐怖政治之開始。不過最初革命裁判所的活動尙爲遲緩，對於嫌疑者也多釋放。但甲哥班派的勢力一天一天擴張，他們以市議會爲根據地，對於國民議會時時催促，要求其採用敏活的手段，以處置反動者。加以外兵壓迫愈深，防閑反動派的心思也愈急。到八月三十日夜，遂舉行全巴黎的大搜查，凡家藏有武器者卽行逮捕，結果武器不過搜出一千支槍，而因嫌疑受逮捕者竟至三千人之多。負審理這種嫌疑案件的責任的是猜疑心最深的甲哥班黨魁馬拉，其結果可想而知。甲哥班派這種運動，使巴黎人心大加恐惶，都以爲過激派政府一定出現，因此甲哥班派聲勢大振，吉隆丹黨相形見絀，内閣竟成虛設了。到了九月二日，凡爾登陷落的警報傳來，甲哥班派更乘機煽揚起剿除内奸的空氣來，突將市廳拘禁的僧侶二十二人、俗人二人，於路上殺死，其後又至加爾米利特（Carmerites）律院中，將其中拘繫的囚人百二十人盡行殺死，此外各監獄也爲有組織的暴民侵入，將囚犯喚出，按名點視，由民衆隨意審問，卽付死刑。自九月二日起，此種虐殺繼續至數月之久，統計巴黎全市被虐殺的人數，極少說有八百五十人，極多數則有千四百餘人之多。

這種虐殺與八月二十日的事件一樣，是事前有組織的，由市會預定計劃，支出經費雇用人夫以助暴動，所殺者大抵係不向憲法宣誓的僧侶、瑞士衛兵及贋造紙幣者。贋造紙幣者因爲擾亂金融的關係，故深爲民衆所痛惡，也與反革命派同受慘刑。

當巴黎虐殺進行之際，政府和議會都取旁觀態度，蓋吉隆丹黨對於憲政黨的猜忌也不亞於甲哥班黨，不過不願自居屠殺之名，如今幸而甲哥班黨以市會爲根據，對於反動派取屠殺手段，正中吉隆丹黨人的心思。不過甲哥班黨人自屠殺以後，威權愈加樹立，勢力愈加擴張，竟至將吉隆丹黨的勢力也全體顛覆，這却是吉隆丹黨人所不及料者哩。

巴黎虐殺之後，各地方也受影響，都起了虐殺的運動。犧牲者之數，全國統計約在千四百人以上，其中重要人物很多。

九月的大屠殺雖貫澈甲哥班黨人的計畫，但結果却也生出新反動，當時正在改選新國會，改選的結果却與甲哥班黨不利，而吉隆丹黨人仍然得勢。

這一屆的新國會和舊國會分子完全不同，蓋前屆議會的分子有的因政爭失敗而得罪的，有的因厭倦政治而退出漩涡的，也有失去人望不能再選的，因此新議員七百八十三人之中，舊立法國民議會議員之重新當選者不過百八十六人，其餘盡係新進分子以及第一次立憲國民議會的舊議員。新議會的黨派色彩非常鮮明，吉隆丹黨多數佔據議場的右側，甲哥班黨則在最左側，因其位置很高，故有山獄黨 (Montagnards) 之名。占議場之中央者，則爲無所屬之議員，普通稱爲平原黨 (Plaine)，這派人占大多數。吉隆丹黨的領袖人物仍爲吳爾尼、布利梭、高特、吉宋尼及羅馬蘭等。前巴黎市長柏其翁，此時也加入吉隆丹黨，故此派聲勢比前又進一步。甲哥班黨則三大領袖馬拉、丹頓、羅拔士比三人俱皆當選。此派人數不多，但富於實行之手腕，以巴黎市會爲根據向外肆行活動，極爲社會所畏懼。此外所謂平原黨者實際并非一黨，多係超然之分子，往往隨大勢爲轉移，無一定的主見。但其中也不少特立獨行的專門家，如阿伯錫司 (Abb Sieyes)，後來曾任公安委員，但始終不參加黨爭，一意以發展教育事業爲志願，即其一例。

舊反革命派完全顛覆以後，議會上祇剩下吉隆丹、甲哥班兩黨，因此兩黨的衝突愈甚，演出以後種種的活劇，而以裁判前王路易十六一案爲兩派政爭之導火線。

第十三章　路易十六的死刑裁判

自八月十日以後，實際上法國雖然已由王政改爲共和政體，但依法律講，國王不過暫時中止權力，俟新國會成立後，仍有恢復權力之餘地，故新國會成立後，即討論此問題。但此時王黨及主張君主立憲的費亦林黨已完全顛覆，議會中的兩大派都是共和主義者，自然無人贊成恢復王政，因此廢止王政的議案竟經全體一致通過。一七九二年九月二十二日，議會發表確立共和政治的宣言，廢止基督教紀元，改爲共和元年，全國舉行盛大的慶祝會，共和政治逐漸穩固。

王政廢止以後，吉隆丹黨與甲哥班黨的政爭忽焉開始，吉隆丹黨爲鞏固自黨的内閣起見，提出議員得兼内閣官吏的議案，竟遭甲哥班黨的譏笑而否決。吉隆丹黨爲報復起見，遂提出調查九月虐殺的事跡并懲罰主動人的議案，以威脅甲哥班黨。又主張以巴黎秩序紊亂爲名，召集全國八十三省的守備兵入都，以防止再有暴動。蓋吉隆丹黨自以爲自黨的根據地在各地方，故以此鎮壓巴黎暴民，殊不知因此傷及巴黎人的感情，將中立的平原黨的分子也驅向甲哥班黨，結果這種提案也遭失敗，而吉隆丹黨與巴黎市民遂發生惡感了。吉隆丹黨見此次又經失敗以後，遂對於甲哥班黨的黨魁馬拉、丹頓、羅拔士比等加以攻擊，又指馬拉爲九月虐殺事件之主謀者，結果也未能將敵人攻倒。而兩黨意見從此愈鬧愈深，吉隆丹黨駡甲哥班黨爲獨裁政治的陰謀者，甲哥班黨則駡吉隆丹黨爲小共和聯邦的計畫者，有分裂法國的危險。因爲吉隆丹黨素主張聯邦主義，與甲哥班黨的中央集權主義相反，但在議會中竟通過法國共和永久統一不可分之議案，也是甲哥班黨戰勝吉隆丹黨的一端。

正兩黨政爭劇烈之際，前王路易十六審判的事件忽然發生，遂爲兩黨政爭的好題目。原來自八月十日以後，議會對於王政，曾議決俟新國會成立後，以王之可否裁判，問諸人民。此後遂組織二十二人之委員會，調查王的罪狀。結果委員認爲路易十六有通敵賣國之嫌疑，請議會裁決，議會中遂發生王可否裁判及應歸何機關裁判的問題。結果甲哥班黨主張殺王爲政治上必要的手段，正義是非尙在其次的論調，大得人的同情。故遂決定於一七九二年十二月十一日將路易十六召至國會公同審判。國會所宣布路易的罪狀甚多：第一爲饗待蹂躪三色章的近衛兵；第二爲不認可議會制定的人權宣言及其他數件議案；第三爲路易曾數數爲虛僞的調和、虛僞的約束之演說；第四爲路易曾秘密收買米拉波，以謀反動；第五爲路易曾支出費用，秘密買收議員；第六爲路易曾召集身帶短劍之武士；第七爲路易曾與逃亡在外的貴族密相勾結；第八爲路易曾主謀一七九一年六月十七日的屠殺國民事件；第九爲故意集合大兵於國境，以壓制民黨；第十爲路易對於逃亡的貴族給予近衛士官的俸金；第十一爲路易曾承認於巴黎附近作二萬人的屯營之主張；第十二爲路易曾輕減要塞的武裝設備；第十三爲路易曾於八月十日召集瑞士衛兵及王宮守備兵；第十四爲惹起同日之騷擾，其責應歸王負。

路易十六是個庸懦無能的人，此時明知前途無望，尚不拿出國王的氣概，表現視死如歸的精神，反畏縮乞憐於議員之前，自認罪犯，對於議會所提出的罪狀，僅否認一二件，是無異於已承認其他各條爲正當，因此雖有有名的律師爲之辯護也無效了。

自前王受審判以來，輿論受過激派的煽動，多主張處王以極刑。議會中對此問題自然也起爭論。甲哥班派當然主張非殺王不可，并且如羅拔士比所主張的，殺王并非法律上的問題，實在是政治上實際必要的手段，這話實在不錯。但在吉隆丹黨之中，則對此問題意見卽自行紛歧，布利梭一派因爲自身是對外宣戰的主動人，故認爲欲貫澈戰爭之目的非殺王不可，而吳爾尼一派則主張王的裁判應公諸國民，不應但憑議會的意見，甚至如羅蘭夫人更認殺王一事卽吉隆丹黨政治的自殺，應取反對態度。吉隆丹黨自身主張既如此不一致，故甲哥班黨遂乘間抵隙蹈釁，宣傳吉隆丹黨與王有關係，以減少民衆的信仰。在議會中經過長期的激辯之後，到一七九三年一月十四日，遂由吉隆丹黨員一人之動議，提出三個問題，將各議員依次喚出，令其對於問題單獨表示可否的意見。其三個問題，第一是問路易對於國民果有叛逆之陰謀否？第二路易的判决書受一般國民之認定否？第三問路易應適用如何的刑罪？表決的結果，對於第一問題，全體七百十七名議員之中，是認者五百八十三票，否認者百三十一票，棄權者十名。對於第二問題，是認者四百二十三票，否認者二百五十一票。這兩個問題投票的結果已表現吉隆丹黨的缺點，蓋甲哥班黨全體意見一致，而吉隆丹黨則殊不一致也。到了討論到第三個處刑與否的問題，更引起院內外的注意，旁聽席上充滿了下等暴民，對於議員的意見加以威嚇，因此多數議員爲畏懼暴民的恐嚇起見，不得不勉强贊成王的死刑以取媚於民衆。卽如吉隆丹黨的領袖吳爾尼在投票的前一夜，尙對人言自已决不投王死刑之票，及到了臨時被喚出質問之時，竟低聲答一“死”字，當時甲哥班黨人在旁大爲嘲笑！竟面詆吉隆丹黨人爲懦弱無恥，吉隆丹黨內部的破綻至此暴露無遺。

當時吉隆丹黨人以及中立分子，敢於反對處王以死刑的，也並非無其人，不過佔少數罷了。表決的結果，主張處王以死刑者三百六十一人，主張宣告死刑，但中止執行者二十六人，主張加以拘禁，俟平和成後放逐於國外者三百三十四人，因疾病或公務而棄權者二十八人，計總出席表決人數七百二十一人，僅以三百六十一對三百六十之一票多數，可決王的死刑，路易十六的命運就因此一票而規定了。

死刑的多數通過，實在就是吉隆丹黨戰敗的徵兆，因此該黨爲挽回名譽起見，卽又提出死刑執行延期的動議，以試驗自黨的實力。不料表決結果，又因該黨内部意見自行紛歧，以三百〇十票對三百八十票的少數被否決，該黨的失敗又增加一層了。

路易十六的死刑判決以後，大引起舊日臣僚及一般人民的感動。曾經投王死刑票的一個議員竟在茶館被舊近衛兵刺死。有許多忠臣努力爲營救路易的運動。有人請求普魯士承認法國共和政治，停止戰爭，以保全王的性命，但普魯士不肯。西班牙王室因與法王室同族，也努力營救法王，均歸無效。民黨方面見營救者日多，恐有疏虞，遂赶緊決定從速執行死刑，定期在一月二十一日，卽死刑投票決定後之第五日。王當初尚自以爲無甚大罪，不過暫行幽閉，俟和平恢復後仍可退隱國外以了餘生，忽得執行死刑之報，不覺感慨萬分。當時王與王后及子女親族等，均分別拘繫，不通音息，至是始爲最後之訣別。路易與他的妻及妹及子女二人交互擁抱，泣訴別離。王手撫幼年的太子之頭，勉以復讐之事，王后以祗有今宵爲最後之一夜，要求相伴一宿，王毅然拒絕，强迫其歸獄，而招高僧來前，爲之懺悔。最終儀式完後，已至早晨五時，王自知死期已至，卽囑侍從以印璽賜太子，以指環賜王后以作紀念。

一月二十一日的早晨，路易十六在朦朧寒氣的天色之中，從丹博爾監獄被送至斷頭台，當時西班牙的大使，因受政府之命，曾以巨金收買王黨武士四五百人，埋伏要路，想於不意中將王救出，不料防守嚴密，竟無從下手。刑場設在王宮對過的呂迫利克廣場 (Phce de Repulique）上，斷頭台的周圍設立嚴重的柵欄，禁止閒人挨近。數千兵士，十數門大砲，包圍台側。劊子手薩姻森 (Samson）因爲今天的任務特别不同，特意將台上用水洗淨，自己也換了新衣，以服侍前王。午前十時，路易的馬車到着刑場。王自己將衣服徐徐脱去，刑場的助手要將王的兩手綁住，王怒斥不許，由僧侶扶導上了斷頭台，王對民衆作最後的告别辭道："法蘭西人啊！祖國的人啊！我現在是在身負重罪的名義之下罪而死了，然我仍爲致死我的人祈禱，盼望勿因我之死而致法蘭西國家於危險。"説話未終，台下的鼓聲亂作，王的聲音竟爾消失，牧師以手按路易的頭祝道："聖路易之子，昇天罷！"刑機忽落，王首落地。

法蘭西大革命之中，犧牲的人不知有多少，就中最驚心動魄、令人注意者，莫如法王路易十六之處刑。路易十六的人格在生前及死後都被人誤解，其實本人並非惡人，亦並非絶對怯懦無能的人物，不過生當環境劇變之際，不能應付得宜，因此身敗名裂，爲天下笑，論起來還是受祖父的餘殃所致，非本人之罪也。

第十四章　對外戰爭之發展

自一七九二年七月以後，法國軍隊節節失敗，普魯士的軍隊於八月二十三日攻陷魯維 (Lonwy)，九月一日攻陷凡爾登，進至末斯河，直指巴黎簡直是指顧間事，此時巴黎人心非常恐慌。幸統帥楮牟利守禦得宜，法軍又多係新徵調來的義勇兵，迫於愛國熱心，應戰甚力。九月二十日，兩軍遇於瓦爾邁 (Valmy)，普軍因地勢不熟及痢疾傳染病蔓延的緣故，未能勝利，遂自行引退。自此役後，法軍已頹喪的勇氣逐漸恢復，而開後來勝利之端。

自路易十六被殺以後，楮牟利因手握重兵在外，徘徊觀望於兩黨之間，兩黨皆欲引爲外援，其地位甚爲重要。楮牟利想對外建立奇功，以震懾人心，遂極力主張對外繼續並擴大戰爭。普魯士自瓦爾邁的退却以後，因波蘭事件緊急，將重兵調往東方，對法戰爭一時中止，法軍遂移全力對奧，一七九二年十月，進佔南德意志的斯丕雅爾 (Speyer)、窩牧 (Worms)、門茲 (Mainz)、佛蘭克福 (Frankfurt) 等處。十一月六日，大敗奧軍於搗姆普 (Jemappes)，這一戰不但是大革命以來對外的第一次勝利，也是自七年戰爭以來，四十七年中法國對外戰爭的第一次勝利。從此法國軍心穩固，士氣蓬勃，共和政府的基礎也因之穩定，外國軍隊不但不能侵入法境，法軍反有攻出境外之可能。比利時受奧國的壓迫，向未謀起反抗，至是受法蘭西自由主義的鼓蕩，遂起而排斥奧軍，歡迎法軍入境。這時候的法蘭西人，實在是國家主義與世界主義交糅並作的國家，一面高唱自由平等的高調，主張四海一家的世界主義，排斥偏頗的愛國心，一面又極鼓蕩愛國精神，想以法國爲中心而支配世界；故征服南德意志以後，即將萊因流域合併，建立共和政治。至是對於比利時也以戰敗的國家待遇之。比利時人本崇信天主教，法軍到後對於教會常加侮辱，因此激起比人的反感。加以捐稅苛重，徵發無節，濫用紙幣等，比人苦不堪言。因此從前妄想世界主義，歡迎自由平等的法軍來解放比人的，至是都毅然覺悟，對於法人加以反抗，不復如從前盲目的歡迎了。

自路易十六受刑以後，法國外交上驟感孤立，西班牙因與法王室同宗的關係，遂於一七九三年三月七日對法宣戰，自此法國南境又增一大敵。英國人民向來同情於法國的自由平等主義，但自法國革命日趨暴烈以後，英國的同情者轉而失望，漸懷抱反對的思想。自路易十六處刑以後，英國輿論對法益爲不滿，惟英相闢德（Pitt）主張整理內政主義，不願捲入大陸政爭漩渦，故仍嚴守中立。惟自法軍佔領尼德蘭（Nederlanden）以後，曾本自由人道的原則，宣布准許席爾達河（Scheldt）的自由航行，這種主張與英國的利益相衝突。因爲席爾達河自由通航以後，荷蘭的貿易必駕倫敦而上，這是英人所大懼的。加以楮牟利主張出兵干涉荷蘭（Holland）的內爭，更引起英人的嫉視。蓋荷蘭原爲比利時北面的一小國，其國中向有奧蘭治黨（Orange）與貴族共和黨之爭。法蘭西援助後者，英普兩國則援助前者。一七八七年，普魯士出兵援助奧蘭治黨得政，當時法國坐視不理，致遭外交上之失敗。自後荷蘭的共和黨常常暗中求殺於法國，以謀恢復勢力。法國也想乘機干涉荷蘭的內政，因故意煽動荷蘭反政府黨的氣燄。法國人又妄欲煽動英國內在野黨反政府的運動，以期引起民主大革命。因此英政府對法的感情日趨惡劣。八月十日的事變以後，英相闢德即將駐法的英大使召回，並宣言否認法國的共和政治。當時英國的在野黨爲輝格黨（Whigs），約分爲三派：一派爲貴族保守派，痛恨革命，不同情於法國民黨；一派爲溫和自由主義派，根本仍固守英國的主義，但希望與法國締結同盟；又一派則爲極端自由主義者，主張聯合世界的共和主義者共起世界革命。在這種形勢之下，闢德却以政府黨脫雷黨（Torys）爲後盾，以試探國民的意向。一七九二年十二月一日，召集義勇兵的一部，又於同月十三日召集議會，提出募集海軍二萬七千人，陸軍一萬七千人的提案。英政府對法戰爭的決心已經漸漸顯露，法國國內激烈黨徒也極力鼓吹排英，雙方感情一天一天地趨於惡劣，至一七九三年二月一日遂對英宣戰，此後十三年中英法兩軍不絕的爭鬥從此而起。

法蘭西現在已處於四面包圍的形勢之中，奧地利再度與普魯士携手，準備恢復勢力，爲捲土重來之計，而因法人的不謹愼，又引起英國的敵視，添了一個勁敵。此時楮牟利部下，多係未受訓練的義勇兵，其地位非常困難。楮氏以爲欲買比利時人的歡心起見，必須注意勿傷比人的感情，因此在比軍隊購用軍需品主張多用現金，但陸軍總長所發的軍餉多係紙幣，因此楮牟利憤而彈劾，陸軍總長巴希（Pache）迫其退職。不料比利時人對法感情業已惡劣之極，巴希雖然免職，國庫仍然空虛，軍餉仍然不能不用紙幣，因此比人的感情終難挽回。當時楮牟利部下兵有十萬人，以一萬人分守諸地堡塞，一萬一千人由阿維爾將軍（General Harvilie）率領，駐守那米爾，又屋倫司將軍（General Valence）率一萬九千人守亞爾丁奴（Ardeune）。此外阿痕（Aacehn）地方有楮牟利手下的兵三萬人，末斯河下游有米蘭達將軍（General Miranda）率兵一萬六千人駐守。因此楮牟利自已想往目的地亞姆斯特丹進擊的兵，僅剩一萬七千人，兵力非常卑弱。法軍必須於英、奧兩軍未到以前奪取了安提普（Antsvep），始能免於失敗。但本國政府應援的兵非常遲緩，因此楮牟利不得已將屋倫司將軍的兵調取一部分，合之米蘭達將軍的兵共約三萬人，迅速向尼希維根（Nijinwegen）進發，一方面放間諜於亞姆斯特丹，陰謀煽動革命。楮牟利的戰略仍是採取突擊的方法。當五個月以前，法軍與不倫瑞克公對抗之際，曾出其不意，轉出左方，攻陷比利時，予敵軍以一大打擊，至是又想襲用前策，出其不意，攻入荷蘭，以牽制敵軍。一七九三年二月十七日，法軍進入荷蘭的國境，以猛進之勢攻陷諸城，至三月初，法軍已佔領了末斯河的全部。但此後荷蘭人即以戰船百隻分布於末斯河的諸支流，引入海水以禦法軍，一面又求救於英國。普、奧兩國也倍軍來援。三月初，法軍受敵人不意之襲擊，大敗而走，以致全線崩潰，委棄糧食武器無數，潰兵紛紛逃回本國。當時敵軍若加以追擊，則法軍必至全軍覆沒，幸敵軍遲疑不進，稍事觀望，故法軍得退守魯汶市（Löwen），以一部分軍隊守弗來門（Firlemont）以逐漸恢復勢力。

法國政府得了前敵敗報之後，即謀召回楮牟利，另想補救之法。不料此時楮牟利別具野心，竟不肯服從政府的命令。原來堵牟利[1]的野心極大，當他進占比利時之後，即謀將奧地利軍隊擊退之後，以比利時爲根據，整軍經武，收拾人望，然後旋師巴黎，以定禍亂，建立自己的功業。故其在比，極力聯絡比人的感情。當法軍初到比境之時，焚掠寺院，待虐居民，頗失比人的同情，加以各地賤民乘革命的風潮，羣起作亂，壓迫中等社會。楮牟利乃取消從軍委員等過激的主張，以收買人心，禁止各地的甲哥班俱樂部干涉民政，沒收賤民團的武器，接收各地地方團體的陳訴。又於三月十二日向本國國會去函，告發派遣的從軍委員的暴行。國會對此，答以大將當服從政府命令，不得私自

[1] “堵牟利”即“楮牟利”。——編者註

主張，因此楮牟利與國內的感情愈趨惡劣，遂無形的在外取獨立的態度。他從不魯舍爾到了魯汶，盡力收集潰兵，約得五萬人左右。以之與奧軍的五萬一千人相較，兵力本不相上下，惟士氣已衰，不易恢復。楮牟利以爲就軍事言，就他政治上的野心言，此時亦惟有速取攻勢，大膽攻擊敵軍，以挽回頹勢之一法。因於三月十八日全軍進擊奧軍於開特河（Getto）附近，不料奧軍應付得宜，軍隊抵抗甚力。法國的義勇兵訓練本來不足，至是經奧軍的猛烈反攻，全軍忽然潰亂。遂棄開特河向魯汶引退。是役法軍死傷及被俘者約五六千人，奧軍也損失三四千人，楮牟利也奔回魯汶。這一戰兩軍互有死傷，本不一定就算是法軍的大敗，但在士氣本來頹喪的法軍，經此挫折，更難支持。因此數日之間逃亡軍士竟至數千人以上。比利時人乘此機會，也到處準備起事，驅逐法軍。楮牟利以前既與政府及國會挑戰，自知早已不爲民黨所容，本來他想乘戰勝奧軍以後，廻師定難，建立奇勳，不料經此一敗，不但全盤計畫俱成畫餅，且進退兩難，因此遂生了通敵之心，藉口於甲哥班派之行爲過激，意欲與敵軍携手倒戈回法。當時甲哥班黨的首領丹頓，猶欲牢籠楮牟利，以弭禍變，因親來魯汶，與楮氏會見，勸楮氏取消三月十二日向國會提出的聲明書，但楮氏仍頑强拒絕。丹頓看破楮氏是個野心勃勃的人，不易爲大義所動，因於歸法以後，密加布置。這時楮氏已以交換俘虜爲名，遣使至奧營密議休戰，要求奧軍停戰二星期，他擔任在其間實行恢復王政。當時楮牟利的計劃，是想自率前鋒回到巴黎，將兵分爲三隊，以一隊占領國會，一隊占領甲哥班俱樂部，又一隊至丹博爾監獄救出王族，擁立太子路易十七爲君，新王承認類似英國的憲法，返還舊貴族的財產，令彼等組織上議院。楮氏將此意通告奧軍首領，奧軍當然同意。此時政府也聽見了這種消息，特由國會派了外務委員三人來偵察楮氏的行動。當時楮氏與奧倫治公家有關係，故委員責以欲擁立奧倫治公之罪，楮氏不肯承認。委員遂變計勸其擁護共和政治，而以擁其作甲哥班黨的黨魁爲餌。楮氏不但不肯接收此議，且面斥甲哥班黨的暴舉，以恢復王政自認。此時楮氏的氣燄可謂高極。蓋楮氏對於自己的軍隊過於相信，故敢作此奢想。殊不知其部下軍校之中，懷抱極端民主思想的人很多，對於楮氏的種種計畫，常有人密告中央。但有一部分舊軍隊則頗憤恨過激派新訂軍規的不合，及輕視義勇兵的怯懦無紀律，因此對楮氏的恢復王政運動頗表同情。楮氏若能利用此等舊軍隊，斷然包圍義勇兵，先解除其武裝，然後回師巴黎，則大功可成。但楮氏遲疑不敢出此。義勇兵對於楮氏的背叛共和，私通敵軍，久已不滿，至是遂起而謀亂。一日楮氏在行路之際，突被義勇兵三大隊要刼，詈以間諜的惡名，且開鎗射擊，楮氏單身逃至奧營，始由奧軍護送回營。楮氏回營後，卽向其軍隊訴說被劫之事，並宣言欲率軍隊向巴黎進擊，若自己軍隊不够，則可以奧軍五萬人同行。全軍聽說欲約奧軍爲助，皆起反感，竟無人響應。其他軍隊謠傳楮氏已經身死，多陸續逃亡。楮氏知人心已去，感覺到身邊的危險，遂於四月六日率忠實殘兵千八百人，走入奧軍，赫赫一世的名將楮牟利，從此遂永葬於歷史之下了。

楮氏的失敗，使共和政治更加穩固，甲哥班黨的氣燄愈高，更有一件意外的利益，卽腐敗驕横的舊軍隊，經此一番，潰散淨盡，共和政府得以從容組織爲主義而戰的新軍隊，爲此後却敵禦侮的新紀元，則楮氏消極的功也不爲少哩。

第十五章　吉隆丹黨與甲哥班黨之決戰

楮牟利的背叛消息一傳到巴黎，各派都好像大敵臨前，非常恐慌，因感覺鞏固行政組織的必要，遂將革命裁判所組織改革，擴張其權限，準許國事犯罪人對於判決案得以上訴。又由國會通過設立九個委員組織成之小委員會，名爲公安委員會，賦以絕對無上之行政權力，這就是從來恐怖政治的發動機關。又議決加大派遣委員的權限，令彼等直接向公安委員會報告事項。後來甲哥班黨之實行恐怖政治，吉隆丹黨之敗滅，都是利用這幾件凶器。但在當時大家却都未曾覺悟到此，僅以爲爲國防上之必要，多數贊成設立。

楮牟利失敗以後，公同之敵既去，吉隆丹和甲哥班兩黨之爭遂開始。最初，丹頓本懷抱較穩健的意見，意欲與吉隆丹黨的一部分携手，造成穩和的中立黨，外結楮牟利，內鞏固中央政府。不料楮氏與吉隆丹黨員感情不洽，聯絡未能成功。當時丹頓本不贊成馬拉、羅拔士比等暴烈的意見，且自身任外交委員之後，對於外交大勢漸漸明瞭，深以以法蘭西一國敵視全歐之危險爲懼，因在國會提出廢止十一月十八日對外宣言之議案，經多數通過。他本心實願極力與吉隆丹黨接近，不料吉隆丹黨人過重理想，不察事實，竟誤認他爲九月虐殺事件之罪魁，拒絕提携，結果使丹頓失望，不得不仍與甲哥班黨一致，而吉隆丹黨的敗亡竟不可避免了。吉隆丹黨人尚不覺悟，更於四月一日在議會主張設立調查楮牟利背叛事件的委員會，言外暗指丹頓爲楮氏的同謀者，這樣一來，更使丹頓不得不與甲哥班黨完全提携了。

吉隆丹黨攻擊丹頓的策略，經丹頓在議會内滔滔的雄辯答覆，結果失敗，遂又轉其攻擊的目標於馬拉身上。原來馬拉是個猜疑性最深的人，他猜疑一切的人，對於一切的人都想毁滅，主張最近於無治主義。他的奇異的行動、大膽的言論，很容易得下層民衆的信仰。他公然在街上張貼標語，攻擊吉隆丹黨人爲通敵賣國，底下署名爲甲哥班俱樂部會長馬拉。因此，吉隆丹黨人恨之刺骨，遂在議會提出處分馬拉的動議，議員多數皆主張加以裁判，雖經甲哥班黨人多方辯護卒歸無效，丹頓提出國民代表者身體不能侵犯的理由爲馬拉解圍，也未生效力，結果遂議決將馬拉交付法律委員會審查，又經法律委員會提議付革命裁判所審判，也經多數通過。不料革命裁判所的委員盡係甲哥班黨人，使馬拉得在裁判時，當着多數民衆，痛數吉隆丹黨的罪惡，而被判決爲無罪，爲大多數民衆歡送回議會。從國會出來之後，在街上爲一場大演説，公然高喊打倒吉隆丹黨，博得民衆的喝采。這一次事件，吉隆丹黨所受惡影響甚大：第一，打馬拉不倒，反被敵人回頭痛擊，政戰失敗；第二，關於處分馬拉的事件，本黨内就意見紛歧，暴露弱點；第三，自馬拉被捕事件發生以後，議員遂失去不可侵犯的身體保障權，後來吉隆丹黨人紛紛被捕，皆此一次開其端，吉隆丹黨人的作法自斃，真令人可痛惜了。

自馬拉被捕事件發生以後，甲哥班黨爲反攻起見，乃也由巴黎市三十五區的代表向國會提出請願書，請願懲辦吉隆丹黨重要人物二十五人，目之爲平和秩序的破壞者，此案經無形擱置而消滅。當時吉隆丹黨的勢力在國會，而甲哥班黨則以巴黎市議會爲根據，巴黎的下層民衆多擁護甲哥班黨。吉隆丹黨人在此情形之下，不知急起應付，反仍舊意見紛歧，但騁空想。甚或主張地方主義，主張將國會遷至凡爾塞，結果大傷巴黎人的感情，形勢越發孤立。兩派競爭的結果，都知道非法律手段所能解決，因此各爲實力的準備。吉隆丹黨在國會通過組織委員會，調查關於國會的危機事項，選出委員十二名，大多數係該黨人物。這個委員會議決由各地方選出特別護衛隊，以保護國會的安全。又將甲哥班黨的爪牙逮捕數人。甲哥班黨對於這種挑戰，也以市參事會的名義，向國會提出抗議逮捕人的事件，而吉隆丹派的答覆竟謂若有人敢冒犯國民代表，則巴黎市必須全加燬滅，云云，此種不謹慎的言辭，也是挑動巴黎市民惡感的一種。

五月廿六日，市會向國會提出請求廢止十二人委員會，及釋放被捕人民的請願書，經中立派的斡旋，議決將委員會廢止，但未幾又經吉隆丹黨提議通過復活。自此，巴黎市各區不斷地秘密開會準備謀反，組織謀反委員會，謀於五月三十一日起事，一切都照一七九二年八月十日的先例辦理。

一七九三年五月三十一日午前六時，各處暴動的形勢已經呈露，吉隆丹黨爲應付起見，乃急速召集國會，提議解散市會，及獎勵各區的恢復秩序，以離市會與區會的情感。又通過解散十二人的委員會，擴張公安委員會的權限，以平甲哥班黨人之忿。因之此日遂平安過去。但甲哥班黨人對於這種平凡的結果是不能滿意的，他們並不以撤廢十二名委員會爲滿足，他們還想進而將二十二名吉隆丹黨首領捉住，付諸革命裁判所裁判。於是新市參事會逕下命令逮捕羅蘭、克萊維爾 (Claviére)、陸布倫 (Lubrun) 諸人，羅蘭逃走，其妻被捕下獄。六月一日的早晨，本預備再行暴動，惟因這一天恰好爲星期六，各工廠支薪都在此日，故工人來者不多，未能起來。甲哥班黨連續兩日的運動，都未能成功，可見民衆心理也並不一定好亂。吉隆丹黨得此餘暇，本可再鼓勇氣，從事抵抗的策略，結果尚未知鹿死誰手。但此時暴民方面，忽有首領亨利歐 (Francois Henriot) 出現，力主再行暴動，並擔任糾合羣衆之責，因此甲哥班黨之勇氣復作。六月二日早晨，遂由巴黎市會派遣請願委員到國會，要求拘捕二十二議員及大臣克萊維爾、陸布倫等。公安委員會也派代表協同要求，容納市會的請求。國會議員們受暴民迫脅，不得已通過逮捕議員二十一人的議案，被逮捕的議員有吳爾尼、布利梭、吉宋尼、高特等，俱係吉隆丹黨的重要人物，巴黎前市長柏其翁也在被捕之列。吉隆丹黨的人物一掃而空。從此，國會中蓋爲甲哥班派所盤踞，平原黨雖占多數，盡仰甲哥班黨人的鼻息，不敢稍有立異。國會、市會、公安委員會聯爲一氣，爲所欲爲，恐怖政治遂確立了。

自楮牟利失敗以後，舊軍隊已全瓦解，新軍隊尚未訓練成功，在此短時間之內，革命政府却以異樣新奇的手段，改革軍隊，使之成爲勁旅。革命政府對於軍隊並不用舊式的籠絡手段，只是嚴定軍律，凡敗北者無論理由如何，一概以通敵的名義處以死刑，一方面以非常敏決的手段，淘汰無能的將官，拔選奇材異能之士，鍛鍊敗殘的軍隊，在短期間之内，使法國軍隊成爲世界上最優良的軍隊，這真是革命政府的最大成績了。

一七九三年的六、七兩月是法蘭西外憂内患最盛的時期。東北方面受普軍的壓迫，退回法境；北方諸要塞又盡爲奥軍佔領。當七月末，奥軍攻陷威倫新奴 (Valencienne)，倘使長驅直指，則巴黎不難陷落，當時法國形勢實在危急萬分。幸敵軍將領意見不統一，故未能前進，這也是法國革命政府的天幸。普軍由不倫瑞克公統率，攻陷梅因 (Mainz)，也有直指巴黎的可能，後因普軍忌奥國氣燄太高，不肯前進，法遂得免。東面及東北的軍事情形既然不利，南方也多敗於西班牙人，幸西軍無意深入，故不爲大患。

六、七兩月之間，外患既然緊迫，國內自吉隆丹黨失敗以後，餘黨四起報復，內亂紛作。王黨也乘機起事。一七九三年三月，王黨起事於文德省 (Vendée)，其動因由於國會議決徵兵，徵兵委員在文德過肆騷擾所致。文德亂事起後，附近都市紛紛響應，共和政府所派的委員及差役多被虐殺，擊敗政府軍隊，聲勢大振，遂宣言遥尊太子路易十七世爲君，至六七月間，蔓延愈大。

此外里昂 (Lyon)、波爾多 (Bordeau)、馬賽、康恩 (Caen) 諸地也起叛亂，其主動者多爲吉隆丹黨人，其號召者爲地方主義，蓋向來屢次革命皆係以巴黎人爲主動，地方的人吃虧很多，吉隆丹黨向來主張聯邦主義，其勢力根據地皆在各省，故此次失敗之後，卽煽動各地起而叛亂。里昂原爲甲哥班黨勢力較大之地，市長也係該地黨中人，平日對於異黨壓制過嚴，久使人心不服，自徵兵令下後，委員强制徵發，並限二十四小時內徵集六百萬佛郎，以致激起地方中等社會的憤怒，遂起而反抗，將市長和委員拘禁，吉隆丹黨畢梭等聞風均來贊助。馬賽亦係甲哥班黨的根據地，後因受反對黨之鼓動，遂亦起而獨立，此外波爾多和康恩諸市，更係吉隆丹黨的根據地，一聞六月二日的中央政變之後，卽起而反對。至七月末，吉隆丹黨議員由巴黎陸續脱走，集合於康恩，共十七人，其中有高特、柏其翁等。吉隆丹黨人若有實際的手腕，則此時正可聯絡各市，集合軍力，共同一致對付敵人，巴黎敵黨不難屈服，不幸該黨人士過於空疎，當這樣緊要的關頭，還依舊只曉得到處演說，發表論文，作愛國詩歌等沒要緊的事，結果坐失時機，令政府得以從容布置，遂逐漸失敗下去。

但吉隆丹黨人的文字鼓吹也不無一點效果，卽如馬拉的被刺就是受了文字鼓吹的影響。原來暗殺馬拉的兇手是一個年方二十五歲的女子，名叫夏綠蒂·可蒂 (Marie Aline Anne Charlotte de Corday d' Armant)。她本是康恩地方農家之女，她父親是個勤王黨人，但自已從小卽好讀革命文學，受新思潮之感染頗深。生性富於空想，又操行篤潔，守獨身主義不嫁。她向來崇拜吉隆丹黨人，以爲係眞愛國者。自六月二日以後，吉隆丹黨員紛紛逃至康恩，大宣傳甲哥班黨人的罪惡，並指馬拉爲運動的主謀，因此她聽見了非常憤恨，遂立志爲正義犧牲，擬刺殺馬拉以洩衆忿。七月九日，她以赴巴黎訪友覔事爲名，由康恩出發，十一日到了巴黎。當時馬拉因病不能出席議會，正在家休養，她遂於十三日到馬拉家中去訪問。馬拉其時正在沐浴，其侍妾代爲謝絕，夏綠蒂不允，一定要會見，二人爭執之聲爲馬拉所聞，遂就浴室召她入見。夏綠蒂以報告在康恩的吉隆丹黨人的陰謀爲名，一面談話，一面冷不防抽出手中的匕首，刺入裸體的馬拉身上，從胸直穿入背，馬拉喊叫之聲未絕，就斷氣了。及衆人來救時，夏綠蒂面不改色，束手就縛。經法庭屢次審問，她堅執係自已主意，不受任何人指使，最後受了死刑的宣告，仍無絲毫懼色。一世魔王的馬拉竟死在這一個弱女子之手。

論起革命黨人來，馬拉實在是最熱誠、最篤信主義的。他本是醫生出身，曾作宮中的侍醫，又邃於電學，發明甚多，自革命起後一變而爲實際運動家。他反對一切的權力，讚美一切的破壞。晚年因爲染皮膚病的緣故，神經受了刺激，不得安寧，遂養成一種猜疑的心理，對於一切敵黨時時刻刻以猜疑的眼光去揣度，以爲一切人對於他都有迫害的可能，幾乎成爲一種迫害狂了。因此，他對於一切人的也不肯絲毫容情，恨不能斬盡殺絕，在革黨領袖之中，他最遭人忌恨也是這個緣故。但這實在是由於他的病痛所致，論本性本是個沈靜明細的學者，他以前在學問上的成就，是不可抹煞的。卽以革命以後的生活而論，他始終身居陋巷，財產蕩盡，內無家室之慰安，外無車馬宮室的炫耀，一心一意爲主義奮鬥，不肯爲自己打算絲毫的利益。在當時與革命有關係的幾百人之中，他的人格實在是最坦白光明的。他的性格和刺她的夏綠蒂女士比較起來，恰好是同一的人物，卽對於自己的信仰百折不撓地去實行，對於自己利害絲毫不顧，不過二人所信仰者恰好相反，因此就都作了革命時代的犧牲者，而徒供後人的惋惜了。

第十六章　革命政府對外戰爭之勝利

前章已經說過，當一七九三年六、七兩月之際，是法國外患內憂最深的時期。在北方英奧兩國的聯合軍已攻陷威倫新奴，英海軍又將但開克（Dunkerque）封鎖，東北方面普魯士的軍隊也佔領了梅因。西南兩方也爲西班牙、葡萄牙兩國軍隊所侵入，國內則王黨與吉隆丹黨紛紛在各省起事，革命政府的形勢實在危險萬分，然而到了一七九三年之末，大局突然一變，這是什麼緣故呢？

内亂之速平是由於吉隆丹黨人的無能力，奔走數月僅募集四千義勇兵，以王黨約瑟夫布色希伯爵（Comte Joseph de Pulsage）爲指揮官，後來遂使敵黨藉口謂吉隆丹黨與王黨私通。此時政府方面也非常狼狽，多方募集也僅得兵四千人。七月十三日，雙方軍隊戰於威爾農(Vernon）附近的一小村，戰爭甫開，雙方卽各開足後奔，直是一場滑稽的爭鬥。因吉隆丹黨軍奔逃稍早，政府軍遂跟蹤追上，號稱大捷，卽於同日攻入葉維利市（Evreux）。從軍委員林德（Robert Lindet）事後處置得宜。僅將畢梭之家焚燬，又命六個良少年與六個良少女結婚。蓋當時敵黨相爭，報復讎怨之心甚切，今林德以兒戲之手段處置被征服之地，一面既使報復者滿意，一面又使敵人感其寬大。果然叛軍聽說懲罰並不甚烈，不久就都自行逃散，一場大亂，盡於短期間内冰消瓦解了。

事敗之後，吉隆丹黨員的末路非常可憐。他們或藏於土窟，或隱於屋根。羅蘭夫人的情夫畢梭及前巴黎市長柏其翁久伏於樹林之中，終至飢餓而自殺，屍體委於野犬之口。畢梭死後，其身旁搜出情書多通，始知其與羅蘭夫人有秘密關係。羅蘭也潛伏於鄉下，至同年十月，聞其妻羅蘭夫人之死刑後，始自殺。其他多數名士則皆被捕而處死刑。

文德的王黨軍隊起初尙占勝利，後經十月十七日的西來 (Cholet) 地方的大戰，王黨軍隊大敗，形勢遂渙散下來。至十二月中旬以後，王黨軍隊遂全滅，共和政治的危險才過去。

里昂市的叛亂起初雖係吉隆丹黨主持，但後來漸带勤王色彩。後爲國會遣兵包圍，至十月九日糧盡援絕，始被攻破。馬賽亦於八月二十三日被國會軍攻破，此次攻城之役，拿破崙・蒲拿帕脫 (Napoleon Bonaparte) 即任砲兵士官，後遂以此立功，得逐漸升擢，至於知名。波爾多是吉隆丹黨的根據地，起初氣勢極盛，特設公安委員會，集合各路軍隊，謀向巴黎進攻。不意該黨人士意志太爲薄弱，一聞威爾農附近的滑稽會戰失敗以後，竟自己意氣消沈，於八月二日自行將公安委員會解散。至九月六日國會派遣的委員遂無抵抗地進入市內。此外西龍地方於七月中宣言反對國會，宣布敵黨領袖的罪狀，一時亦附和吉隆丹黨，不意不久王黨卽得勢，於是地方聯邦主義一變而爲勤王主義，並引外兵爲援。八月二十九日，英國海軍大將荷德 (Adniral Hood) 率英西兩國聯合艦隊入港，助其抵抗。此時西龍的原駐國民兵有千五百餘人、英兵二千餘人、西班牙兵六千餘人、拉布勒 (Naples) 兵四千餘人，合計有一萬六千人之多，且多係曾受訓練之精兵。假使有良將統率，轉取攻勢，則南方局面必爲一變。然市内叛軍自行分爲二派：一派主張維持一七八九年的憲法，欲求君主立憲；他一派則主張完全恢復君主專制的舊局面。前者佔勢力於市會，與英國人接近，後者占少數，與西班牙接近。兩派互相猜忌，不能一致行動，故終於失敗。當時守舊黨主張迎王弟布羅溫斯伯爵（即後來的路易十八世）來市，爲王國攝政，而立憲黨大爲反對。加以英西兩軍的暗鬥也很烈，故遇事不能進行。馬賽降伏之後，法國會即命攻馬賽之軍轉而攻取西龍。統帥加爾多 (Carteoux) 本是個庸懦無能的人，故久攻不下。其時拿破崙正在他的部下任砲隊士官，機敏之才幹漸爲政府認識，遂將加爾多撤換，另委陶布 (Doppet) 繼任，而以拿破崙握其實權。其時公安委員會也盡力增加軍隊，攻圍軍增至六萬人，砲至二百門以上。卒於十二月十七日將西龍市攻破，英西聯合軍隊自動退出西龍，市民之反革命色彩素著者也都扶老携幼隨聯合軍逃至國外。從此內亂悉行掃平，而拿破崙的聲望也由此漸著。

以上是內亂掃平的情形，同時外患在此時期也逐漸減少下去，其經過更值得我們注意的。

外患減輕的原因則很多，第一，於公安委員會有了無制限的行政權，任意施行恐怖政治，令出必行，人人畏服。第二，軍事上出了一個稀有的天才加爾諾 (Carnot)，他加入委員會之後，握兵馬的全權，最迅速最嚴重地執行他的命令，故能成功。第三，加爾諾以下的人，不擇手段，排除一切的困難，爲救護共和政治之目的不惜犧牲一切。其最大的原因還是由於加爾諾的軍事天才。他以非常手段於最短期間集合了從來未曾有的全體一致的大軍，他又了解法蘭西人的特性，設法鼓勵起他們的興趣，於最短期間集中最大多數的兵於前敵，以不顧一切的勇氣戰勝利訓練和紀律較優的敵軍。此外，對於庸劣無能的將校不惜罷免而登用有實力之人才，也是勝利的重要原因。但論起軍事勝利的原因來，丹頓也很有功績。他最初對徵發軍隊卽很盡力，後來又力薦楮牟利等軍事人材，以禦强敵。丹頓本是個富有實際常識的政治家，他策劃軍事於中，又得軍事天才加爾諾主持於外，故能於僅少時間成了非常之大功，可謂革命政府之幸了。

當時外患之中，最危險的是北方的外國軍隊之侵入。自威倫新奴攻下之後，英統將約克公（Duke of York）即主張移兵攻取但開克以直窺巴黎，惟奧將不欲，約克乃自率聯軍三萬餘人往攻但開克。以自率的主力軍隊攻圍但開克，以一部分奧軍牽制敵人的援兵。不料因爲進軍過於遲緩，及荷蘭地勢低下，易於受海水灌入的危險的緣故，致使法軍得以從容集中。法軍以五萬兵力向奧軍進攻，奧軍因衆寡不敵失敗，約克受其影響也不得不撤圍而退。這一戰法軍雖非大勝，但士氣由此漸振，影響後來不少。

當英軍攻但開克失敗的時候，奧軍已攻陷盧揆那（Lequesney），進圍莫布解要塞（Maubeuge），莫布解是往巴黎大路的唯一要塞，此地一失，則巴黎萬事皆休，故公安委員會嚴令守塞的司令官須以死守。當時全軍統帥加爾諾對付這次危機除亦嚴令守將死守外，又拔擢朱爾丹（Jourdan）爲救援軍司令官，令東西各路屯兵於最短時限內集中於蓋斯（Guise），不顧其他部分之空虛。朱爾丹本是商人出身，在軍中初無赫赫之名，惟機敏果斷，富有勇氣，加爾諾炯眼加以賞識，付以大任，後果成大功，至拿破崙時代爲名將之一。加爾諾既擇將得人，又於僅僅三日半的短時間之內，將遠在六十五哩以外的軍隊都集中於蓋斯，也是非常驚人的手段。至十月十五日，法國大軍由蓋斯開到阿威尼（Avesnes），距離莫布解不遠。惟奧軍勢力雄厚，倉猝不易解圍。加爾諾乃運用最大膽的策略，令各軍拋棄一切目的地，集中兵力於最小一點，猛攻奧軍的左翼，奧軍事前不知準備，僅以三聯隊應敵，至是力不能支，突然崩潰，全軍受其影響竟全體潰敗，十月十七日，法軍遂解莫布解要塞之圍。法國北境的外患遂消除了。

當加爾諾集中大軍於北境以解莫布解之圍時，東北方面守備甚爲空虛，幸奧、普兩軍意見不合，普魯士政府方注意波蘭問題，不願深入法境，故未受攻擊。及北面之圍既解，加稱諾[1]乃移兵擊東北之敵，任命畢奇魯（Pichegru）爲萊因軍司令官，何希（Hoche）爲摩塞爾軍司令官。二人均係將才，爲加爾諾所特別賞識。至是奉加爾諾之命令仍集全軍於東北方面以攻奧軍，至十二月二十六日，將奧軍全線擊潰，普將布倫瑞克公坐視不救。自此以後，敵軍引退，北方及東北之邊患完全肅清，革命政府的地位也越發穩固了。

❶"加稱諾"當爲"加爾諾"(Carnot)。——編者註

第十七章　公安委員會之活動

從上章看起來，一七九三年六、七月間，內憂外患交至沓來之法國，到了年末，竟次第掃平，政府的基礎穩固，權力因而增高，甲哥班黨遂得憑藉而自由施行其恐怖政治了。

甲哥班黨的根據地在巴黎，巴黎是首都所在，政令所自出，亦卽恐怖政治的出發點。甲哥班黨施行恐怖政治的主要機關爲公安委員會 (Comte de Salut Publique)，此外有保安委員會 (Contéké Surete Gééuerale）及革命裁判所 (Tribunale Rèvolutionaire）爲其左右手。公安委員會一手兼行政司法之權，令出惟行，生殺任意，實在就是當時的眞正政府。至於內閣，名義上雖仍存在，實則毫無實權，儼同散秩，故論一七九三年時代法國的政治者，必不可不注意公安委員會。

公安委員會是怎樣產生的呢？原來國民議會起初主張立法行政分權之制，禁止議員充任閣員，對於內閣舉動每多過分的干涉，後來更於國會中設立許多委員會，處理外交內務陸軍等政，內閣竟同虛設。至一七九二年八月十日王政顚覆以後，國會任命議員以外的人士六人組織內閣，稱爲假行政府 (Le conseil exécutif Provistoirc）。這個政府直到一七九四年四月十九日爲止，以前都還存在，但事實上自一七九三年一般國防委員會 (Comiitedc défence Genérale）起後，這個假行政府遂成爲有名無實的閑散機關了。

議會因爲篤守三權鼎立的舊說，對於自行任命的假行政府仍不准議員兼職，以致政府與議會隔膜，權力仍然微小，而且在議會中又設立許多關係國政的委員會，處處越俎代庖，職權更形混亂。一七九三年一月，法英國交瀕危之際，吉隆丹黨遂在議會提議設立一般國防委員會，經多數通過，由陸海軍、財政、殖民、商業、外交、憲法各委員會各出三名委員，組成一般國防委員會，與內閣並立，處理戰期內一切事項。這個委員會成立之後，吉隆丹黨員占多數，如布利梭、吉宋尼、高特等都是其中翹楚。全體委員二十一名以上，會議皆取公開，故不能保守秘密，影響於外交及軍事不少。及楮牟利在前敵連敗之耗傳來，一般輿論多責一般國防委員會之無能，遂於三月二十五日改選新委員，委員數定爲二十五名，每週二次要求行政會議的大臣出席，爲各種報告，又委員中每日必派二名出席國會，備議員的諮詢，於是這個機關遂成爲行政會議與國會間的中介機關了。

新國防委員會之中吉隆丹黨與甲哥班黨人數略相等，中立黨亦有數知名之士在內，可稱是網羅各派人才了。但各委員之中仍缺乏相互的調和，且議事依然公開，較前屆委員會不但未曾改良，而且反形改劣。及楮牟利謀叛的事發作以後，一般人皆感覺非鞏固中央行政府的權力不足以挽救國難，因此一般國防委員會遂自請解散，另行改組，經國會通過後，遂改名爲公安委員會，於一七九三年四月六日選出委員成立，這就是震怖一世的公安委員會之起源。

新委員會委員之數九名，會議以秘密行之。其職權爲受行政會議之委託監督行政事項之執行。在理論上國會雖未將行政會議廢止，但實際上內閣大臣不過是公安委員會的書記而已，公安委員會才是實際的政府哩。

公安委員會照定例係每月改選一次，但實際上議會不願時時變易人員，屢次以舊人重複當選。委員定額原爲九名，後加爲十六名，最後又定爲十二名。以後此十二名委員常常繼續當選，直到恐怖政治終了爲止，其十二名委員之名爲金朋聖安多雷 (Jean Bon Saint Andoré)，巴萊爾 (Bertrand Barère de Venzoc)、羅拔士比、苛頓 (George Auqust Couthon)、葉浴爾·德西齊爾 (MarieJean Hérault de Sechelles)、布利爾·德馬奴 (Perre Louis Prieur de Marne)、聖揭斯特 (Louis Antoine Léon Floselle de Saint-Jusr)、羅比爾·林德 (Robert Lindet)、加爾諾、布利爾德可多 (Frieur de Cote-dor)、比浴屋倫諾 (Jean Nicolas Billaud-Varenne)、可洛代爾鮑亞 (Collot d Heabois)。丹頓曾在第一次公安委員會中有大勢力，第二次雖當選，不久卽因故辭職，故勢力不大。在公安委員會中，最知名的人當然數羅拔士比，故人多誤以爲公安委員會卽全是羅拔士比個人的爪牙，其實這個觀察是錯誤的。羅拔士比是個富於情感的空想家，自信力很强，自以爲是當時唯一偉大的人物，革命以前本是很溫和的法律家，革命以後突變爲極端派，他生性對於實際事務的處理手腕很缺乏。他雖自以爲能彀全權指揮公安委員會，其實公安委員會的委員大多數都是富有經驗、手腕靈活的事務家，他們與其說是受羅拔士比的指揮，無寧說是以羅拔士比爲傀儡，奉以虛榮，而暗中操其實權。嚴格分析起來，公安委員會十二委員之中，可稱爲羅拔士比的信徒者，只有聖揭斯特和苛頓二人。聖揭斯特是個美貌雄辯的活動家，苛頓是個多病沈思的理想家，這二人儼如羅拔士比的左右手，都是長於理想而短於實際的人物，決非其他老練人物之敵。除了羅拔士比派委員三人之外，其餘九名委員之中，可稱爲丹頓派者一人，無色彩的投機派者一人，下餘七名則均係實際專門事業家。丹頓派的委員一人卽葉浴爾德·西齊爾，此人是個溫和保守派，出身世家，少年曾出入宮庭，後始投身民黨。儀容甚美，善於交際，既非羅拔士比派之空想家，又非其他委員之實際家。對於他的職務並不熱心，整日裏只是馳驅於交際社會，在政見上比較與丹頓接近，但也無實際力量。像這樣的人也列於公安委員之選，頗不可解。投機派的一人爲巴萊爾，此人是個富於常識而缺乏膽量的人物，向無黨派色彩，當吉隆丹黨與甲哥班黨相爭之際，他居於中立派首領地位，曾任國會議長。及甲哥班派勝利之後，他遂見風轉舵，仍以中立派首領的資格取得公安委員的地位。當時議員中像巴萊爾的行逕者實在很多，所謂平原黨者，即全係此等人物，平心而論也不能說此中盡是人格卑下的人物，像巴萊爾這等人，他們向來對於主義以及政見之爭本不感到若何趣味，則其態度之模稜兩可亦勢所當然，不足深病。況他們雖無堅定主張，而頭腦明晰，對於公務能有明瞭觀察，這種人也不可少的。巴萊爾在公安委員會中專管的是向國會出席報告，他的報告非常明晰，頗得聽者觀迎。當時國會名爲監督公安委員會的執行，實則委託公安委員會以全權，每日僅接受報告而已。此外七名委員都是實際的事業家，各有專長，對於當時的法蘭西國事，負責甚重。就中如加爾諾是個有偉大天才的軍事家，法國軍事的改革，他的功績最大；他又是個名將，他的戰略後來爲拿破崙所採取遂戰勝全歐。故有人謂拿破崙爲加爾諾的弟子中之最大者，可想見加爾諾的天才了。他的人格並且很偉大，始終忠於共和政治，自共和失敗以後，他經過拿破崙及路易十八兩朝，始終隱居鄉村，不肯出仕，可想見其高潔了。當時，他在公安委員會中職掌軍事，與他同掌軍事者尙有布利爾德可多，亦係專門軍事家出身，對於軍事行政富有經驗，爲加爾諾的得力幫手。此外，在公安委員會中專掌海軍者爲金朋聖安多雷，他對於海軍富有經驗，也和加爾諾之於陸軍一樣，可惜議會對於海軍政策運用錯誤，故不能有大功績。原來法國海軍在革命以前本富有聲譽，及革命以後，紀綱廢弛，海軍士卒往往以下凌上，酗酒滋事不服命令。議會又誤信自由、平等之說，廢止海軍刑法，以至士卒們更無所忌憚，虐殺長官的事時有所聞，紀律越加紊亂。及金朋聖安多雷擔住[1]海軍事務以後，始極力以嚴刑處置不守紀律的士卒，制定海軍刑法，恢復上下秩序。一面又不次拔擢眞正人才，畀以重任，故海軍事業以後遂蒸蒸日上。但當時法國海軍究缺少練習與經驗，又受英國海軍之壓迫，故不能如陸軍之建豐功，這也是金朋聖安多雷之不幸了。此外羅比爾·林德和布利爾·德馬奴二人專司關於軍隊和市民的食糧給養事務，多涉及與經濟有關的問題，可視爲財政家。二人都是精通財政的實際手腕家，林德常駐在首都，馬奴則常派往各省辦事。比洛屋倫諾及可洛代爾·鮑亞二人則負內務之責，比洛屋倫諾是個手段爽辣的政治家，他力主恐怖政治並使恐怖政治成爲有系統有計畫的政治行爲。他掌握內政的大權，指揮警察，逮捕人犯，實在可視爲當時法蘭西內政上眞正的君主。從一七九三年九月到一七九四年七月，事實上支配法蘭西的國事者，實在就是上述的七人，此外巴萊爾僅負向國會報告之責，葉洛爾·西齊爾不過備員而已，二人都無關重要。羅拔士比等三人則純係盧梭流的空想家，毫不留心實際事務，故實際的權柄反不及其他七人。

平心而論，公安委員會在此時期所有種種的措施，雖然暴厲恣睢，殘殺無辜，未免爲歷史上的污點，但就一方面看來，也未嘗不是救時的一種手段，在當時腐敗淩亂已極的法蘭西，苟非厲行絕對集權專制主義，以敏快嚴刻的手段處置一切，則難免也不蹈波蘭的覆轍，釀成亡國之禍，所以知人論世者，也不可不原情立論。況以十二委員的個人人格而論，終無一人曾藉其地位爲肥己營私之事全體皆以貧士而終。除金朋聖安多雷、巴萊爾及加爾諾三人之外，無一人曾屈膝於拿

[1] “擔住”當作“擔任”。——編者註

破崙之朝。加爾諾雖屈節於拿破崙，但拿破崙敗後，彼仍盡力運動設立自由主義之政府，不肯服從路易十八，也是很難能可貴的。總之，公安委員會的首領人物決非如後世所想像的盡係出身微賤的暴徒，大多數委員皆出身於中等社會，並且富有實際的經驗，他們的部下更有許多專門的事業家相助爲理，所以能統一國是，轉危爲安，其成功並非是偶然的。

第十八章　恐怖政治之大獄

恐怖政治的發動機關是公安委員會，但爲公安委員會的爪牙以輔助恐怖政治之進行者，却是保安委員會及革命裁判所。前者是逮捕國事犯的警察機關，後者是審判國事犯的裁判所。保安委員會的出現尚在公安委員會之先，一七九二年十月卽已成立。當時吉隆丹與甲哥班兩黨互爭此機關，結果甲哥班黨獲勝，委員三十名之中，甲哥班黨卽占十七名，吉隆丹黨僅占六名。一七九三年一月再選，吉隆丹黨戰勝。但未幾因某暗殺事件發生，甲哥班黨利用人心激動的機關，提議改造保安委員會，委員僅定爲十二名，結果吉隆丹黨僅占一名，甲哥班黨竟占十一名之多，獲大勝利。自後内部組織雖時有變動，但甲哥班黨恒占勝利。至吉隆丹黨失敗以後，甲哥班黨更指揮如意，成爲該黨的御用機關了。至一七九三年九月，始確定委員人數爲十二名，由公安委員會提出候補者之名單，交國會同意。其任務爲緝捕反革命派，凡王黨及其他一切對於共和政治及國民有不忠之舉動、計劃，或表示意志者，逕可捕縛之送交革命裁判所審問。又僞造紙幣者，不照政府發行紙幣的票面額使用者，及照規定麵包之最高價以上發賣者，皆認爲不忠於國民者。又當時每一國民必須有一證明券，由其地方官吏發給，證明其係忠於共和政治者，凡於行路之際，經官吏或普通國民向之索閲，必須卽時示之，否則卽可認爲嫌疑犯，立時拘捕交付市廳押禁。

此外革命裁判所的地位更爲重要。成立於一七九二年三月九日，正法蘭西軍隊敗於比利時之際，爲鎮壓反側，鞏固國會威權起見，乃議決設立一特殊裁判所，專審判反革命派。至一七九三年六月，吉隆丹黨覆滅以後，乃變更革命裁判所的組織，使成爲獨立於國會以外之機關，公安委員會確立後，遂附屬於公安委員會之下，分爲四部，共設裁判官十六人，陪審官六十人，以外設檢事長一人，檢事下役五人。裁判長爲哈爾曼（Montinl Joseph Armard Herman），檢事長爲丁維爾（Antoine Quertin Fouguier Tinville），都是天資刻薄的酷吏，惟恐受刑人之少，故其罪人往往未經審判卽已預定，且有每日定須執行若干死刑之請求，可見其殘忍了。其審判的情形最初尙依照普通裁判手續，對於犯人須經過相當手續始能判罪，故往往亦有被判爲無罪釋放者，一七九三年四月至八月之間，純粹國事犯在革命裁判所受死刑宣告者僅三十八人。但其後求效愈急，裁判的手續愈簡單，犯人差不多經草草一審，卽付死刑，九月一個月之間死刑至百人以上，其目的在使反對黨震慄不敢反動，不復問其本人之是否應犯死罪也。

恐怖時代的大獄最動人耳目者，莫如王后馬利安多尼之被刑。自路易十六刑死以後，王后與其子女仍繫於但布爾獄中，至一七九三年春，有人謀將王后一人救出，王后以不忍棄全家老弱而獨生，遂打銷此意。其後營救者日多，消息漸漸洩露，政府的警備也越嚴。至同年七月遂以市長巴希（Poche）之命，將太子從其母之手奪開，另行囚禁，事後始交國會承認。又將圖救王室之嫌疑犯狄龍將軍（Géneral Dillon）拘捕。及梅因與威倫新奴相繼爲敵軍陷落後，公安委員會恐王族與敵軍勾結，遂請求國會將王后移繫於孔塞吉利（Conci ergérie）獄中，而加以特別裁判。十月十二日至十六日連續審判王后的罪，照例以恣睢暴厲的態度强迫承認，傳喚證人四十人，皆虛搆事實務以證明王后的死罪爲目的。有人甚至妄言王后與其太子有猥褻之行爲，此種過度之誣妄轉引起民衆對於臨死王后之同情。審判既終，遂宣告應付死刑，王后自知決無倖免之理，故轉不驚惶，十月十六日，遂夷然就死於斷頭台上。

在王后以前較著名的死刑執行，則有刺馬拉的凶手夏綠蒂女士於一七九三年七月十七日被殺。在王后死後的大獄，則要以吉隆丹黨名士之被殺爲最重要。原來自一七九三年六月二日的政變以後，吉隆丹黨議員被拘禁者凡二十九人之多，其中二十一人皆逃赴各省舉兵反抗甲哥班黨，惟吳爾尼、吉宋尼等八人自以爲本無罪狀，且以爲國會議員身體神聖不可侵犯，故不肯逃避，遂被拘繫。起初尙頗被優待，及各地舉兵之事發生與馬拉被刺之後，甲哥班黨根本剷除吉隆丹黨分子的意思遂漸堅決。其後各地叛亂削平，陸續被捕至巴黎的吉隆丹黨議員連前繫八人共至二十一人。初因革命政府組織尙未完成，故無暇審判，至九月中公安委員會的組織業已完成，遂於十月三日由國會議員動議將吉隆丹黨二十一人付之審判。至十月二十四日遂將二十一人傳到革命裁判所審問。告發他們的罪狀是與王黨通謀，是挑撥離間地方人與巴黎人的感情，是與楮牟利勾結叛國，是迫害眞愛國者，是暗使女子刺殺馬拉，是與英國人勾通出賣土地，是破壞統一不可分的共和政治，剝奪人民的自由與安全云云。甲哥班黨的二等首領都出席法庭作爲證人，陪審官也加入攻擊吉隆丹黨人的罪惡。迂闊的吉隆丹黨人猶誤信言論可以挽回他們的危機，遂在法庭之上滔滔揮其雄辯與證人及陪審官相辯駁，法庭之上儼如重現議場的狀態，無奈甲哥班黨的法網早已布置嚴密，非口舌所能自拔的了。十月三十日，遂由國會通知裁判長，召集陪審官，先爲二時間之休息，使陪審官的良心十分明淨，然後再靜心研究有無罪狀的問題，這種掩耳盜鈴的做作自然結果可想而知，所以在陪審官的良心明淨了以後，竟全體一致異口同音承認有罪，於是吉隆丹黨議員的命運遂確定了。他們最初尙自以爲決不至於死刑，一聞有罪的宣告竟大起紛擾，有的高呼無罪，有的戰慄不已，有的互相擁抱彼此安慰，有的尙自以爲半屬甲哥班黨，不應糊塗株連，更有人當堂拔劍自殺的，但也有幾個人泰然自若，不示怯於敵人的。到十月三十一日，吉隆丹黨的名士除吳拉賽 (Valazè) 一人當堂已自殺外，下餘二十人一齊送往斷頭台，受了死刑。至此，他們已知萬無倖免之希望，態度轉夷然自若。惟有鮑亞勞 (Bolleau) 一人自以爲本係接近甲哥班黨者，偶因誤會，致被株連，心不能甘，至死猶喃喃不已。二十一人被刑之後，逃亡在外的吉隆丹黨名士，有的隨後被捕受刑，有的漂流無定、困餓而死。殘餘者伏處鄉里，匿跡埋名，直到恐怖政治終了，甲哥班黨完全覆滅之後，才由國會歡迎吉隆丹黨議員七十三人復歸議會，但精粹分子已盡被夷滅，也就無能爲力了。

平心而論，吉隆丹黨的分子其熱心共和政治、反抗專制殊不下於甲哥班黨人，當王黨及君主立憲黨未倒以前，吉甲兩黨合力爲共和政治作戰，故能戰勝君主黨，確立共和政治的基礎。所惜吉隆丹黨人多長於理論短於實際，當國年餘，無特著的成績，又凡事拘牽文義，優柔寡斷，不能先發制人，與狠辣陰毒的甲哥班黨人比較起來，自然不能不着着失敗。卒至身敗名裂，駢首就戮，也就是太過於迂闊持重之過了。

一七九三年十月中經革命裁判所判決被刑者，有王后馬利安多尼、吉隆丹黨議員等，統計一月共殺五十人。至十一月中，則被殺者五十八人，以羅蘭夫人、奧倫治公及前巴黎市長巴依之死最著名。羅蘭夫人死於十一月八日，臨死，服白衣，被長髮，從容登台，毫無懼色。其所呼“自由！自由！天下幾多罪惡，假汝之名以行”數語，至今爲人傳誦。夫人實在是個醉心理想，好高騖遠的女子，生平最惡王黨，曾面辱王后，呪其速死，不料今日竟步其後塵而同上斷頭台，也是始料所不及哩。夫人死後，其丈夫羅蘭聞而自殺。

羅蘭夫人死前之二日，卽十一月六日，爲奧倫治公被刑之日。奥倫治公腓力布（Philippe）是王室的近族，當路易十六初年，曾蓄意篡奪王室，揮金買士，極力鼓動革命風潮，自居爲維新派首領。不料革命風潮一起，大勢所激，急轉直下，由君憲而共和，由共和而過激，路易十六固身遭顯戮，奥倫治公自身亦同歸於盡，可為野心煽動家之鑒戒了。至一八三〇年七月革命以後，法王查理第十（Charles X）被逐，國人迎立腓力布之子路易腓力布（Louis Philippe）為王，至一八四八年始被逐，總可謂稍達其父一生之期望了。

恐怖時代最可悲慘的犧牲者，是前巴黎市長巴依的死。巴依本是個品行純正的學者，對於天文學造詣甚深，不幸革命起後，捲入政治漩渦。最初在三級會議時代被選為議長，領袖議員，力爭民權，聲譽卓然。巴斯的獄攻陷以後，他出任巴黎市長，當艱危震疑之會，矢勤矢慎，鎮壓守舊黨的反動，防止過激派的亂舉，守正不阿，超然不倚。徒以禁壓過激派活動之故，遭暴民之忌，遂至受慘刑而死。當他從獄中送往斷頭台之時，沿途故意到處停留，任市民隨意侮辱，以火燃燒他的頭髮，羣衆拍手喝采以觀之。他的刑期在十一月十一日，正是寒威凜冽的天氣，故意將他留置寒風曠野中至三時之久。他的刑台又故意搭在河邊糞堆之上以示侮辱。巴依對此慘刻的待遇，始終態度沉着，從容就死，真不愧為有學養的君子了。

第十九章　恐怖時代的巴黎與各地方

當革命運動未成功以前，暴民的勢力極大，舉動可以影響於政治，及恐怖政治既已確立以後，一切反對黨俱已打倒，革命政府威權既已集中，遂不得不採取鳥盡弓藏的手段，對於暴民加以限制了。當時下等暴民之中，尤以女子最為跋扈。幾次革命的爆發，都由巴黎的下等女子為前驅，她們對於革命功績極大，故社會上奉以編織女(Tricoteuse）之尊稱。馬拉在時尤極力與她們聯絡，給她們以各種獎品，一切的公會場及刑場都替她們設有特別座位。成羣打夥的婦女們，坐在刑場附近，一面編織手工，一面參觀殺人，乃是革命時代常見的景象。她們也組織像甲哥班俱樂部一樣的團體，橫行市上，無人敢理。這都是革命初期的情形。等到恐怖政治確立以後，為鞏固政府的威權起見，首先便剝奪她們的特權。先禁止她們在國會旁聽，次剝奪她們出席一切政治集會的權利，於是巴黎市上的秩序為之一肅。

在恐怖政治之下，偵探四布，伺機輒發，偶語者棄市，腹誹者族誅，人民搖手動足，皆有觸及法網之虞，因此，一般人民將政治看作極危險的事，大家相戒不談。加以自革命以來，五年之中，朝秦暮楚，瞬息萬變，一般人看慣政治上的奇形詭狀，漸覺當初的一切理想希望，都成畫餅，‘我躬不閱遑恤我後’，遂不知不覺走到享樂主義的路上去，務以過一天算一天的卑劣娛樂強為歡笑。因此一般平民多不務正業，相率賭博，買彩票，作投機事業。至於酗酒滋事，荒淫無度，更是當時的常事，竟至人民道德墜落不堪。

革命以後，社會階級既已完全撤廢，社會上遂實行真正的平等。從前的麥歇 (Mcnsieur)、馬丹 (Madame) 等尊稱都已廢止，人民見面彼此互稱為公民 (Citoyen) 或女公民 (Citoyenne)。又從前對人的尊稱您 (Vous) 字也廢止，改用你 (Tu) 字。人民身旁多配戴自由的標章，即三色章、自由帽、秤、椰子、斧等。人名則多採用古代希臘、羅馬時代的常用人名，如 Brutus、Macius、Anaxagoras等名。衣服則趨於簡單，頭上的白色假髮多已廢止，惟羅拔士比一人反例外地保守古風。也有仿照羅馬時代人的服裝的。女子則多着希腊時代的古裳衣，廢去女袴，身着長坎肩，髮不結而長垂於後。裝飾則避用金銀寶石等類而改用鋼鐵，蓋表示珠寶都已貢獻於國家，為愛國女子應盡之義務也。

關於文學，當革命初期因人民興趣集中於政治，加以恐怖時代對於出版言論檢查綦重，因此文學不能自由發達。戲劇倒很發達，劇場也很多，但政府的限制也很嚴，有時竟禁止戲劇中有王者及貴族登場，以免引起人民思古之情。公安委員會所准許的正當劇本都是鼓吹革命，讚美共和的所謂愛國自由劇。

羅蘭夫人死後，華麗的沙龍 (Salon) 生活從此告終，以女子為中心的社交生活也從此中止，新興的代起者，一方面是放蕩無賴的卑污生活，他方面則是清淨安逸的家庭享樂。如丹頓娶了一個寡婦，享受家庭生活的樂趣，是其一例。

最奇怪的是舊式沙龍的社交生活在社會上業已絕跡，而轉於獄中盛行起來。蓋當時貴族、紳士、貴婦人等偶因嫌疑，即被拘繫，獄中罪犯常至數千人，他們悶極無聊，乃異想天開，於獄中舉行舊日之社交生活，甚至有一次召集千人而聚食的，獄囚與獄囚之中，戀愛爭奪等趣劇也時常發現，真是古今所未有了。

革命以來，教育的頹廢已極。一七九二年十二月，國會雖有重視普通教育之決議，但因黨派之爭，紛爭辨難，朝定夕改，以致毫不能施之實際。舊日王政時代，大學中學本有特權可以徵稅自給，革命以後，特權廢止，經濟概仰給於政府，而政府因財政困難，時時拖欠，或給以無價值之紙幣，因之現狀亦難維持。加以大學中各人因牽涉政治之故，死亡者不少，內容自受影響。中學校的教科也常受政府干涉，教員俸給又少，一般民衆誤認教育為富豪貴族們獨有的權利，常有打倒智識階級的謬論，父兄也多不願其子弟進入學校。一七八九年八月八日，學士院及學會被命停止；九月十五日又廢止中學校，大學的神學部、醫學部、美文學科及法律科。新政府顯有澈底改革舊教育制度的決心。至十二月十九日，經國會決議，反對教育為國家事業，將教育委之私人之手，無論何人得以一科或數科為主而創辦學校，不過須經市區的監督，其教科若與共和政治的道德及法律反對者則予以嚴罰。單以讀書、算術為主的初等教育，政府對於他的教員按生徒之多少比例給予津貼，即男教師每生徒一人每年津貼二十利華，女教師每年十五利華。生徒的入校勵行强迫，不勵行者罰其父兄。但這種官督私辦的學校不易為學生家庭信任，時局不定，願意致力教育事業的也很少，所以革命時代的教育是很頹廢的。

財政困難為法蘭西革命的大原因，革命以後，財政困難不但不減輕，反有加重之勢。革命政府對此也無救濟之法，只以亂暴的手段，濫發紙幣，封閉貨幣交易所，强令凡不照紙幣額面規定之價格使用者，處死刑。但經濟大勢究非政治的力量所能强制轉移，交易所雖停，仍有其他變相的場所代之而起，紙幣的價格仍然時漲時落，不能一定。革命政府所發的紙幣反不如王政時代的舊紙幣在社會上的信用高。因紙幣限定照額面行使的結果，物價日趨增高，人民苦不堪言。一七九三年八月，政府强制募集新公債十億利華，結果僅得二億，因此恐怖政府依然不能脫離向日的方針，只有濫發紙幣以救一時之急。為恐巴黎市民之不平起見，政府對於市民麵包之供給向來不敢忽略，但因物價騰貴之難制，故政府於此殊費苦心。當時人民欲買一塊麵包有時竟須在麵包鋪門前鵠候數時之久始能得到。幸政府盡力以高價輸入穀物，以救濟巴黎市民之缺乏，始得免於因饑餓而致暴動之危險。從一七九三年八月至十月間，政府連續制定關於種種日用貨品之最高價格，如薪炭、石炭、燕麥等生活必需品四十種稀均限定其最高之價格，大體標準照一七九〇年的平均價格之一又三分之一為例。其後限制的種類越加增多，幾乎一切用品眞有限制了。但限制儘管限制，不能禁私下授受價格之抬高。而貧民得隴望蜀，需要也仍不滿足。政府恐貧民之不满，乃於一七九三年九月制定每星期開全區民會兩次，凡出席者支給四十蘇的出席費。又將貧餓人民編成砲兵千二百人、步兵六十人的一革命軍，以之勵行巴黎食料的供給，但因革命軍隊之亂暴如盜賊之故，却大生反對之結果，使生產者將貨物緊藏，不敢暴露，徵集越發困難了。

革命時代還有一件較大的改革，卽曆法的變更。當時學者因舊日通行的格利高來曆（Gregoire）不甚完備，頗有創議改良的，一七九三年十月五日羅姆（Lomme）提出改良曆法的議案，其新曆法的創作人為有名的數學、天文學者蘭格倫（Lagrange）及拉普拉斯（La P1ace），每月題以美的名字者為詩人費伯爾德格蘭丁（Fabre d' Eglantine）。國會逕將此案通過，公布施行，於是法蘭西的曆法遂改變了。

新曆以一七九二年為共和元年，以秋分日為歲首（九月二十二日），一年分為十二個月，每月按相當的季節錫以美的名稱，如：

一、葡萄酒月 (Uendemiaire) 九月二十二日——十月二十一日；

二、霧月 (Brumaire) 十月二十二日——十一月二十日；

三、霜月 (Frimaire)（十一月二十一日——十二月二十日；

四、雪月 (Nivose) 十二月二十一日——一月十九日；

五、雨月 (Pinvosie) 一月二十日——二月十八日；

六、風月 (Uentóse) 二月十九日——三月二十日；

七、萌芽月 (Germinal) 三月二十一日——四月十九日；

八、開花月 (Floreal) 四月二十日——五月十九日；

九、牧場月 (Prainal) 五月二十日——六月十八日；

十、收穫月 (Messidor) 六月十九日——七月十八日；

十一、炎熱月 (Fermidor) 七月十九日——八月十七日；

十二、果實月 (Fructidor) 八月十八日——九月六日[1]。

每月各三十日，分為三旬，每旬有一休息日。平年於年末加補充日五日，每四年一閏，則加補充日一日。但這個曆法自革命失敗後，又行廢止，仍恢復今日通行的格利高來太陽曆。

以上巴黎恐怖時代的狀況業經詳述，其時地方上的情形也有可述者。原來自革命以後，黨人迷信三權鼎立之說，凡事以國會監督行政機關，以致行政機關一點不能自由，其後國會之權日張，竟至將行政事務越俎代庖起來，因此立法、行政二權又由分而合。國會常常選派委員到地方或軍隊裏調查事項或就近監督其活動。國會委員因權限不分明，故常有以監督調查的職員進而直接執行事務，其中毫無經驗因此僨事者也不少。以後國會逐漸改良，選派有經驗、有手腕的議員到地方，大凡能辦事而拙於言論的人往往被選派到地方為委員，正是他們磨鍊手腕的地方。一七九三年三月八日，楮牟利連敗之報至，國會

❶“九月六日”當爲“九月十六日”。——編者註

感於鞏固中央行政勢力之必要，乃決議徵集新兵三十萬，每省各派委員二人，全體共派八十二人，這是革命裁判所成立前一日的事。自公安委員會成立後，遂將委員直接隸屬於公安委員會。這些委員名雖為徵發新兵而設，實則干涉地方一切的行政，權力甚大。委員中大多數是年少氣盛富有精力的人才，能够了解公安委員會的意旨，以精悍靈敏的手腕執行公安委員會的命令，或平定禍亂，或處置敵黨，或指揮軍隊，或報告實情，恐怖政治之能推行於全國，皆此輩之功。這些委員大多數出身於甲哥班黨或平原黨，屬於吉隆丹黨者甚少，也可見該黨領袖之祇知埋頭於中央政爭，而不知注意地方勢力了。一七九三年六月二日政變之後，里昂等市起而叛亂中央，這時各省的派遣委員忽而大顯其能力，叛亂之速平都由於委員之處置敏速而得宜之故。自此以後，委員之權力竟無限增漲，只要兩個委員一致，可以處理地方上任何事務，從前的地方議會及政府至此全退處於無權。地方委員有自由任免地方官吏之權，但武官的任命須經議會承認。委員每日必向公安委員會報告一次，每週必向國會報告一次，公安委員會每週也將地方派遣委員的報告綜合向國會報告一次。地方委員得自由逮捕任何人，得組織地方的革命裁判所，得任意沒收個人或團體的財產。因為委員有這樣無限的權力，故恐怖政治因之遂能實行普及於全國。北方軍事之勝利，里昂、馬賽等叛亂之善後處置，皆賴地方委員之力。就中如里昂叛亂之後，地方委員奉政府之命，將里昂市的中心建築物破壞大半，虐殺反革命人物一千六百餘人，這就是地方恐怖政治的最顯著的實例。

第二十章　甲哥班黨的內訌

當一七九三年之夏，正甲哥班黨內憂外患交迫之際，已如前述，到了同年十月以後，種種亂事，逐漸平定，危險時期已過。甲哥班黨共同的敵人既倒，遂自然生出內訌來。其時黨中約有兩大派，一派是極端過激派，其領袖葉伯爾（Hebert）與裘米特（Chaumette），他們主張將階級及宗教全行廢止，施行極端過激政治；他一派則是溫和派，其領袖為丹頓及德摩蘭，他們主張促政治入於軌道，以便樹立穩健的共和政治。此外羅拔士比及公安委員等則可視為中立派，蓋羅拔士比專尚空想，不管實際之競爭如何，而其他委員則又多係實際的手腕家，但欲以恐怖政治樹立新的秩序，既不贊成過激派的妄動，又不贊成穩健派的和平，故擁羅拔士比為魁，以之操縱於兩派之間，大得其利。

葉伯爾是個人家的雇役出身，性情粗野，長於煽動，自革命以後，曾任檢事長，對於九月虐殺事件及吉隆丹黨的顛覆，都非常出過力。他是主張撤廢階級最力的人。裘米特也是船上的小使出身，於九月虐殺事件中也非常賣力。他曾主張全廢財產，今後人一律穿木履常食薯。就中他所最致力的是宗教破壞運動。自革命之初，非加特力教和無神的理論就很盛行。國民議會制定的憲法雖規定信教自由，但實際上否認加特力教為國教，強迫僧侶對憲法宣誓，就暗含有視基督教為自由之敵，不尊重其教徒之信仰自由權的意思。即如廢止舊曆、改革新曆等舉動，也暗含有排斥宗教的意思。但國會中如羅拔士比主張有神論，雖不一定贊助加特力教，但不贊成排斥宗教。又如丹頓，則因為維持社會秩序起見，承認公衆的宗教之需要，反對盲目的破壞的運動。這種理由沒很得大衆的贊同。故一七九三年八月過激派在國會提出禁止關於上帝的講話的議案竟被否決。過激派不肯罷休，乃脅迫巴黎的大主教召集一部分僧侶向國會提出廢止宗教寺院的意見書。其理由以人民現已不需要宗教，巴黎的寺院從前係受之於人民，現在仍應返諸人民。此案受理之後，倣效者紛紛繼起，有的退還寺院，有的與尼僧結婚，但信仰堅篤的教士極力反對者也不少。葉但爾想蹂躪宗教的權威，乃嗾使巴黎的細民起而舉行反宗教的示威運動。民衆亂擁入諸寺院，侮辱聖器或裝成僧侶等，種種情狀以為笑樂。為打倒宗教的權威起見，又特別提倡理性之崇拜 (Culte de raison)，雇用了一個著名的女優裝成理性的女神，於十一月十日由民衆畀往游行街市，更抬往議場，議員們也只得加以敷衍，這種滑稽的舉動，是過激派的得意手筆。

當時的法蘭西雖然無神論盛行，其實大多數民衆仍然篤信舊教，並無更變。而且因為過激派的兒戲舉動，更引起一般人的宗教心，地方上時有擁護宗教的反動運動。丹頓和羅拔士比也不贊成這種舉動。丹頓本是個富於實際才幹的人，性格與米拉波略相似。他向來不喜歡什麼虛空的理想，只以實際為重。他最初為樹立鞏固政府起見，本傾向君主立憲，後因朝廷無能，王政日趨腐敗，遂逐漸趨於共和主義，竟至主張處王以死刑。但在共和政治之下，丹頓仍極力主張速建設穩固的政府，反對約克濱黨的暴動，頗與吉隆丹黨思想接近。不幸吉隆丹黨氣量太狹，不肯彼此携手，以致丹頓不得已仍須與甲哥班黨一致。及吉隆丹黨失敗以後，他的主張遂日趨於溫和，反對虐殺吉隆丹黨員以為係政治上的罪惡，因此很惹過激派之厭忌，漸漸彼此互相攻擊，有不兩立之勢。至於羅拔士比因為相信有神論，認無神論的主張為貴族式，故對於過激派的滑稽舉動也採取旁觀的態度，不肯加以贊助。到是年九月中，丹頓派的策士费伯爾（Fabre d' Eglantine）密訪羅拔士比，告以葉伯爾等過激派的密謀。大致謂過激派謀將國會中有勢力之議員及反對他們的人一網打盡，擇其中七十三人加以處分，丹頓、陸苦魯（Lecroix）、畢勞（Billand）與羅拔士比都處死刑。同時鼓吹卑視議會的輿論，以革命軍隊、陸軍部及甲哥班黨之多數掌握於該派之手。這種報告雖未必盡屬實在，但费伯爾向與市會中的下等人物往來甚密，故其所得的消息也未嘗無幾分真確性，故羅拔士比聞之大為驚訝，因之與丹頓派的聯絡遂日密。到了十一月中，兩派的衝突遂日漸顯明起来，葉伯爾在甲哥班俱樂部內，提出對於國會議員狄奎諾（Duquesnol）等二人的攻擊，次日羅拔士比即伴狄奎諾來部，對於葉伯爾派加以反駁，目之為離間共和政治，有取公安委員會而代之的野心。葉伯爾的部下翟博（Chadot）又向羅拔士比告密，告以葉伯爾派對國會的陰謀。羅拔士比聽說了越加驚駭，遂與丹頓派結合益堅，於十一月十七日以公安委員會的名義，趁在向國會報告外交事項之際，突然將費伯爾及翟博等告密的內容逐一對衆宣布，但未舉出葉伯衆等之名，惟暗諷之使知警畏而已。自此一方面以公安委員會為主體，欲將過激派的陰謀向國會控訴，加以處置，一方面則以巴黎市會為根據，謀一舉奪取甲哥班俱樂部的實權，捕取反對黨巨魁，以威嚇公安委員會。至十一月二十一日羅拔士比遂在甲哥班俱樂部演說攻擊葉伯爾等蹂躪宗教的行爲，大博多數的喝采。其時丹頓因新婚後正在外省度蜜月，優遊暇逸，靜待過激派之失去人心。至十二月初旬，見時機已熟，乃遄回巴黎。那時有人造謠謂楮牟利的叛亂與丹頓有關係，主張加以裁判，羅拔士比乃在國會演說，極力為丹頓辯護。兩個首領攜手的態度既然判明，人心自然都傾向這面，葉伯爾派的陰謀頓受挫折，寺院也禁止封鎖，理性的崇拜也無形消滅。十一月十八日，公安委員會起草革命政府憲法決議案，十二月四日經議會通過。規定一切官廳俱須受公安委員會之監督，一切處置俱須得公安委員會同意，不得絲毫自由行動。且為政治的統一起見，人民不許以任何名義自由集會結社，這就是將當初對付王室及吉隆丹黨的手段全行除去，以免有人利用以顛覆國會及公安委員會。人民若擅自集合軍隊，不受國會及公安委員會命令者，一律以叛徒視之。此令一公布，葉伯爾派越發失去了活動的根據了。是時丹頓派的報紙也公開攻擊暴烈分子的罪惡，痛快淋漓，毫不客氣。當時巴黎報紙受革命政府監視，久已無自由言論的胆氣，突然有此言論出現，大受社會的歡迎。但因此羅拔士比及其背後之恐怖政治實行家轉生疑懼，恐葉伯爾派一倒，連帶也波及他們，因此遂轉而對溫和黨加以限制。一七九四年一月，羅拔士比在甲哥班俱樂部演說，公開攻擊德摩蘭所辦雜誌言論之非，並由其黨羽提議將德摩蘭除名於俱樂部。兩派間漸開始人身的攻擊。葉伯爾派以為有機可乘，遂於三月四日鼓動貧民，起而暴動，不料公安委員會早有布置，並在平民間破壞葉伯爾的名譽，謂之有過激的嫌疑，因此葉伯爾人望失墜，鼓動不成。至三月十三日遂將葉伯爾及其黨羽十七人陸續逮捕，裘米特也於三月十八日被捕。三月十八日開始審判，其罪名為損壞人民主權，妨滅法蘭西的自由，圖謀復活專制，使人民瀕於飢餓，虐殺人民的代表云云。其首領葉伯爾等則更指為與英國政府勾通，受敵人賄賂，圖謀擾亂。三月二十四日遂判決他們的死刑；一一由斷頭台上處死。這一般人平日慣以殘酷暴虐的手段對付異己者，今日天道好還，即以其人之道還治其人之身，可為好殺之徒戒了。

第二十一章　丹頓派之顛覆

葉伯爾派的刈除，是公安委員會用極周密的計畫，極靜穩的手段處置了的，較之從前舖張揚厲的做法大不相同。委員會利用他們既得的權力，着為恢復秩序之計，很平靜地將革命軍解散，市會改造，陸軍部廢止，一切暴動的中心，惹人注意的亂源，竟於短時期之內，一掃而盡。過激派既然剷除之後，公安委員會的注意遂轉移到溫和派身上。當時丹頓派雖在委員會中勢力甚微，但在國會中潛勢力却很大，自過激派失敗以後，社會上輿論對於過激行為漸漸加以攻擊，溫和的主張漸能得人同情，這都是公安委員會所最忌的。而且羅拔士比是個氣量最狹，虛榮心極盛的人，眼前唯一的可以抗衡的人只有丹頓，怎能不視為眼中釘而急欲除去呢？

當時雙方的友人因為兩雄相爭，非國家之福，頗有極力為之奔走調停的。一日友人等設席為二人調停，已得二人允許，見面之後，互相握手談心，言笑極歡。不料丹頓醉後言辭不謹，竟面斥公安委員會疑忌之非，以致羅拔士比大為不樂，拂袖而去，二人的嫌隙遂因之愈深。羅拔士比歸後與聖揭斯特終夜密議，更由公安委員會連夜開議，捕縛丹頓等的計畫遂決定。

丹頓尚不知自身的危機已經迫切，友人多加以勸告。國會議長塔利安（Tallien）和馬拉的妹阿爾比斯丁（Albistine）也勸他在國會中演說，煽動議員以壓迫公安委員會，更有人勸他鼓動人民以推倒公安委員會的。不幸丹頓過於託大，竟毫不準備。他平素輕視羅拔士比的為人，嘗評之為連雞卵也煮不熟的人物，且不信其能操縱公安委員會，對自己加害。殊不知此次倒他的陰謀，主動者乃是公安委員會，並不是羅拔士比個人，大家不過以羅拔士比為傀儡，令他擋頭陣而已。第二，丹頓又過於誤信自己的能力，以為只要自己一開口，便能獲得聽眾同情，將敵黨折服，因此直到臨危之夜，有人勸他暫為躲避，尚不肯行。但是無論丹頓如何自信，公安委員會撲滅他的計劃却是非進行不可，結果到一七九四年三月十日十一日兩夜，遂將丹頓、德摩蘭及其黨羽數人捕獲，投之盧森堡監獄。以鼓動一世風雲之革命首領，竟與其反對黨同被禁於一個獄中，這眞是丹頓之所萬想不及者了。

國會聞丹頓被捕之耗，自然大為驚愕，但大家都怕連累，不敢出聲，有一個丹頓派議員勉强大胆提議請求國會將被捕者傳來，當場加以詢問，並為丹頓略加辯解，即被羅拔士比痛加駁斥，全場為之震服，竟無人再敢為丹頓派進言了。

丹頓等被捕之後，於一七九四年四月二日開始審判。所控訴丹頓的罪狀，全屬無根之辭，如謂他與王室私通，曾主持一七九一年一月聖討馬爾的屠殺事件，不盡職於八月十日的革命運動，以公安費用飽私囊，圖謀顛覆共和政治等。丹頓聽了裁判長宣讀了他的罪狀之後，不禁大怒，在法庭上為最後的獅子吼，舌辯滔滔不絕，頗博聽衆的喝采。惟敵人種種毒計，早已埋伏妥當，豈口舌所能爭服。結果竟不問證據確鑿與否，宣告了他們的死刑。丹頓於赴刑場路過羅拔士比的門口，突然高呼道："看罷！我們三個月之後再相見。"這個預言果然後來證實，三個月之後羅拔士比也同樣地被殺。

丹頓是法蘭西大革命運動中的首腦。他是一個富有實際天才的人，並不躭於空想。王政顛覆之後，他所盡力的是共和政治基礎的穩定，對於黨爭的紛擾頗為厭倦。因為與吉隆丹黨的提携失敗，迫他不得不趨向於贊成恐怖政治之一途。他曾努力於公安委員會的創立，對於外交上也有很大的功績。他有對於大事犧牲的決心，計畫和氣魄都很偉大，但欠缺細密周到的精神，故結果終至一蹶不振，正是為他的性格上的缺點所自誤哩。

第二十二章　羅拔士比之全盛及失敗

現在公安委員會的權力可算穩定了，他們以羅拔士比為傀儡而實際任意發揮他們的手腕。將諸部俱皆廢掉，於國會內組織十二個委員會處理行政事務：一行政警察裁判，二教育，三農業及藝術，四商業及人民之食糧供給，五公共土木，六公共的保護，七郵務，八公共收入，九陸軍行政，十海軍行政，十一武器彈藥製造，十二外交。以上各委員會都有所專掌的職務，各各獨立處理而秉成於公安委員會。又將市會改造，反對分子盡行排除。各地方的革命裁判所悉皆廢止，地方上的國事犯都移歸中央革命裁判所審理。所有獄中羈縶的罪人特設六個人民委員會豫審之，有罪者移交革命裁判所，無罪者放免。所有各機關官吏積壓的公務限三個月內清理，又禁止他們干涉職務以外的事。

公安委員會所最得意的主張是規定國民制度一事，四月二十日，比洛屋·倫諾在國會請求明白規定國民的制度，大致謂“欲再與國民以十分的自由，不可不先將他們完全改造。應當先將他們先入為主的迷想撲滅，變更他們的習慣，制限他們的欲望，芟除他們的罪惡，使他們的傾向清新。抑國家之根本在人民的教育如何，梭倫 (Solon) 的寬大設施，使雅典淪於奴隸的狀態，立喀古斯 (Lycurgus) 的嚴酷手段，却奠定了共和的基礎。二者對照則政治的祕訣可知。”以上這種强欲將人民投於一個模型的荒謬思想，本來是行不通的，不過公安委員會當時為排除異己淨盡，貫澈萬能政治的主張起見，却不能不採取這種手段。羅拔士比的見解却較其他委員稍有不同，他的主張恐怖政治，並不是僅僅為手段上的便利起見，他自己一向懷抱有創造新社會的空想，他自信是人類的救世主，因為這一點虛榮心，他不得不希望貫澈獨裁的政治。他的提倡新宗教，動機也是如此。蓋他既無軍事的天才，又無內政的成績，欲求壓倒其他委員，獲得人民信仰，則不能不從提倡宗教入手。因此他於五月七日特在國會演說，攻擊葉伯爾等無神論之謬，而主張舉行公眾的"最高存在"(L' Etre Suprème）的崇拜式，國會唯唯從命，遂決議於六月八日舉行。甲哥班俱樂部與市會從前為無神論的根據地，今日翻成反對無神論的大本營。一般人民向來宗教信仰極深，故對此舉也比較贊同。但一方面不喜此舉，認為係羅拔士比個人之妄想而加以腹誹者也不為少。不過懾於威勢，不敢作公然的反對，但言外也不無表示。即如羅拔士比在國會内演說之際，一般議員對於他所主張的最高崇拜之存在只以沉默的態度聽之，但對於他攻擊宗教迷信之處，却格外的拍手喝采，這實在是有意對羅氏加以嘲諷。蓋當時國會議員多係從地方委員歸來者，他們從前在地方的時候，作威作福，儼如小君主一般，一旦欲其俯首聽羅拔士比及公安委員的指揮，心豈能甘。因此暗中的反羅拔士比運動甚為猛進。最利害的是舊丹頓黨的幾個國會議員，他們曾謀將羅拔士比暗殺，五月二十三、二十四兩日接連有暗殺羅氏的案件破獲，羅氏因此大為警備。除公安委員會特別嚴行偵探，並檢查書狀外，羅拔士比又別設一個高等秘密警察部，自為主任，對於嫌疑的議員加以特別偵查。又特別招募一小隊兵士，以其最親信的心腹任大將，為之保護。當時國會、市會及甲哥班俱樂部對於羅拔士比尚表熱心贊助，故羅氏的地位一時甚為穩固。一七九四年六月八日，由國會布令舉行最高存在之崇拜式。是日天朗氣清，家家濃粧豔抹，羣集於舊王宮之前，羅拔士比等演說之後，羣眾向廣場進行，齊唱宗教的、愛國的讚美歌，然後發祝砲，祝賀式終。是日羅拔士比因有宿疾，致遲遲其行，頗惹一般議員們的焦急怨憤。及到場演說之後，卽演放煙火，以紙糊成一大怪物的形狀，代表無神論，以之投於松枝燃燒，所謂"眞理的炬火"之中，而藉機關的巧力突然於火中湧現一天使之偶像，如演劇一般。

許多國會議員却於威力不得不花衣羽飾，來赴此盛會，然目覩這種兒戲的舉動，焉能不恥憤交并，羣集矢於羅拔士比之妄自傲慢尊大，當時已有許多人背後竊竊私語，罵羅氏以"暴君""獨夫"，事過之後，陰謀遂日亟了。

羅拔士比現在以為中立黨已完全懾服於其威力之下，決不敢有絲毫反抗，因此頗為放心，惟於甲哥班黨中一部分反對他的人，尙存疑慮，頗想得間以盡除之。但他因自信過深的緣故，對於這些事件頗不以全力急赴之，故轉予反對黨以隙暇。這些反對分子因自身的生死利害問題，不得不急急為自衛的舉動。他們彼此早已暗中協議，以為只要羅拔士比一死，將公安委員會及革命裁判所完全廢止，恐怖政治從此告終，可以恢復到秩序的軌道以內。他們以此條件與中立派商量，自然易得同意。恰好這時有些良家子弟因厭惡恐怖政治之故，起而組織武裝自衛的團體，渾名為金箔附青年（Jeuness Dorèe）。反對黨得了這一支民衆武裝的後援，遂於一七九四年七月二十七日突然在國會提出彈劾羅拔士比的議案，經多數立時表決，遂將羅氏捕而投之獄中。

羅拔士比不意受此暗算，在獄中尙謀對付反對黨的策略。但自葉伯爾派失敗後，他已無直接指揮細民的機關，因此無能為力。最後以銃自殺也未果，鮮血淋漓，綁赴殺場，遂與其黨羽九十四人同被殺戮。恐怖政治也隨羅氏之死而告終。這一七九四年七月二十七日卽革命後新曆的共和二年炎熱月九日。後來對於這次事變之運動有功者，遂有忒米刀爾黨（Termidorian）之名，忒米刀爾郎法語炎熱之音譯也。

第二十三章　甲哥班黨之全敗與秩序之恢復*

自羅拔士比被殰之後，恐怖政治告終，人民脫離苦悶的環境而突入於歡欣鼓舞之域。但因被壓迫已久，多數對於政治仍持厭倦態度，不加理會，其活動者僅少數反動運動耳。國會的權力較前大增，公安委員會須事事秉命而行。至八月十三日，遂將公安委員會廢止，以國會全體當行政之任，設十七委員會以處理之。專制之弊雖去，但行政機關之運轉不能如從前之靈活。民間反甲哥班黨的空氣大盛，對於黨員漸敢加以非難，新聞紙也公開攻擊起來。一部分良家的子弟，結成一種武裝的團體，上着鼠色的上衣，佩黑色的襟飾，腕纏黑布，手携重杖或帶刀劍銃等，橫行街市，對於甲哥班黨員施以武力的壓迫，這一種團體當時綽號為金箔附青年，是反甲哥班黨的主要武力。

這時國會內部也分為數派，達利安（Tallien）、弗來龍（Freron）、巴拉（Barras）等結合成一派，稱為忒米刀爾黨，因於忒米刀爾日撲滅羅拔士比派有功。這些人都是丹頓的黨人，素來主張溫和主義，以恢復秩序為目的。此外與之對立者，有甲哥班黨殘餘的過激派，如可洛代爾鮑亞、比洛屋倫諾、巴萊爾、加爾諾等，舊公安委員會皆屬之，惟聖揭斯特則已與羅拔士比同時被戮。忒米刀爾黨因有金箔附青年的後

* 目錄原作“甲哥班黨與之全敗與秩序之恢復”。——編者註

援，對於甲哥班黨也很壓迫。新聞紙也連日攻擊甲哥班黨不已。至一七九四年十月十六日，又由國會通過政社法，取締各政治團體的聯合，當時甲哥班黨的支部徧於各地，此法一公布自然大受影響。又其法嚴禁假借多數的力量壓迫少數，這是將甲哥班黨得意的武器也奪去了。甲哥班黨自然不肯心服，屢次高呼此種反動運動為王政復活之預兆。比洛屋·倫諾於十一月三日在黨會演說，謂人民方在對於反動運動有所激發，獅子現在並非死了，不過是在睡覺，一旦醒後必將其敵人搏擊。這種演說發表反引起反對的影響，就在比洛演說的一週後，有一隊金箔附青年為中心的武裝暴徒，闖入他們的黨會，捕去黨員，加以侮辱。至十一日，又一度襲擊甲哥班俱樂部，幸經兵士保護得免。一般貧民無知，也倣照着對其加以侵襲。此舉更給甲哥班黨人精神上以一種打擊。十一月十二日，公安委員萊尼爾 (Laigniels) 公然向國會報告此事，博得議員們的喝釆。這時候，地方上輿論對於甲哥班黨的攻擊越加激烈，蓋地方上受恐怖政治的荼毒最深，從前地方派遣委員到處殘殺無辜，奪人的財產，強姦人的妻女，罪惡甚多，至此遂羣起而追究舊罪，因此處罰舊公安委員的聲浪大盛。國會中的反對黨也乘機主張除對於曾有罪惡的地方委員加以處罰外，更主張對於曾派遣他們出外的長官，舊公安委員比洛屋·倫諾、可洛代爾·鮑亞、巴萊爾等加以裁判。甲哥班黨人在國會中極力妨害此議，在議場中為數次之激烈攻擊演說，無奈其他議員受他們的壓迫已久，此刻決不肯再為屈服，況旁聽席上有多數金箔附青年旁聽，對於他們的言論每故意加以妨害，因此言論不能收效。他們不得已只好再用向來的老手段，鼓動貧民起而暴動。當時貧民因食物缺乏，頗有怨言，故黨人猶存舊日的癡夢。一七九五年三月十五日，巴黎有兩造的多數細民自稱為人民代表，向國會來請求拯救他們的飢餓，狀態極為狼狽，經兵士驅逐始散，事後調查係出於甲哥班派的陰謀。其後又有一部分貧民與金箔附青年在王宮前發生衝突。這時甲哥班黨所號召的是從速實行一七九三年的憲法，乘此機會遂在國會提出，無奈反對者多，案遂延擱。至四月一日甲哥班派遂為最後的突擊，多數細民衝破議場的門亂擁而入，高呼“麵包！麵包！”甲哥班黨人也隨之高呼，並請將憲法案速決。但議長堅待不動，多數議員也置之不理，細民等喧擾四小時之久，一事不成，為兵士驅逐而散，甲哥班黨人的黔驢之技至此遂窮了。國會事後也決心要剷除甲哥班黨，遂將首謀主動的甲哥班黨諸領袖分別加以禁錮及流放，又付市以兵權，令之鎮壓貧民。甲哥班黨仍不甘心，仍謀再起暴動。五月二十日，市中徧貼宣言，謂次日將起大暴動，其所標口號：第一麵包，第二即時實行一七九三年的憲法，第三解散現政府，宥免被拘留的愛國者。果然到五月二十一日的夜晨，一部分暴民手提武器，包圍國會，銃殺正在途中的議員佛勞 (Ferand)，以搶尖挑其首領，亂入國會，强迫國會容納他們的請求，即時議決並任命了實行委員，但轉瞬應援的軍隊開到，加他們以壓迫，適天又大雨，貧民多自行散去。國會忽自將前議取消，却以煽動反徒之罪命將甲哥班議員拘留。但暴動仍未平定，至二十三日將軍吉爾曼 (Kilmaine) 率金箔附青年千二百名攻圍暴徒，大軍也次第雲集，示以砲擊的形勢，叛黨遂將武器交出屈服，甲哥班黨員的自殺者接踵。

巴黎的甲哥班黨失敗以後，地方上氣脈相同，如亞綿 (Amiens)、盧昂 (Rouen)，馬賽、西龍等市都多少曾起暴動，但皆易於平定。亂平之後更捕縛八名甲哥班黨員，指為煽動叛亂，自此甲哥班黨極端派遂完全覆滅，殘餘的少數黨員也只有備員議場，甘守沈默，不敢復如前日之趾高氣揚了。

羅拔士比死後，國會分為四個黨派，他們因畏懼羅拔士比，一時曾互相團結，及共同之敵既去，忽爾分裂。第一為甲哥班黨的極端派，主張徹底以恐怖政治的手段貫澈民主主義。其中多舊日的公安委員，故可目之爲羅拔士比黨，也稱爲忒米刀爾左黨。第二卽忒米刀爾黨，其人曾經一時贊成過恐怖政治，且幫助其實行，多屬丹頓的黨羽，自推倒羅拔士比之後，頗佔勢力。他們恐怕恐怖政治再行復活之後，必於自身不利，故舉全力覆滅極端甲哥班派，不惜與溫和黨携手，故人稱之為忒米刀爾右黨。第三為獨立黨 (Independents)，也是舊甲哥班黨的分子，對於丹頓、羅拔士比、葉伯爾三派的行動都不贊成，但對於一七九三年王的死刑一事，尙認為正當。因為感情的衝突，並與極端派携手以對抗忒米刀爾右黨。最後，第四卽舊保守黨及中立黨，他們久知共和政治之難以維持，故常鼓動反動的風潮，與在外國的舊王黨交通。忒米刀爾黨恐怕極端派得勢，故欲藉異派以對抗之。乃議決自六月二日政變後被捕縛的吉隆丹黨員七十三人一律准其復職，於是該派在國會中共占二百三十席，成為第一黨。吉隆丹黨議員復職後，在議會中也頗占勢力，惜仍如前日的缺點，議論家多而實行家少，又有一部分人傾向於王黨的。

自恐怖政治告終後，舊日類種的社會習慣逐漸恢復。可令人注意者是以婦人為主體的沙龍式社交生活。自羅蘭夫人死後，此種生活久已絕跡於社會，至是又從新與起。主其事者多恐怖政治下幸脫殘生的人士，其談論的題目多關於恐怖政治，且多傾向於反對方面。普通社會的風習也都漸恢復舊制，如衣服則禁戴赤色的自由帽、三色的徽章也都厭棄佩戴。人民相互間的稱謂則國民、女國民，與馬丹、麥歇之稱並用。巴黎市政府所常貼的“不自由無寧死”(La Liberte on la mort?) 的標語也廢止了，改用人道、正義等字樣以代之。

革命時代因人民生活之困難，曾規定種種物價的最高價格，但此種以人工强制自然的方法，本難奏效，在恐怖時代政府有威力以盾其後，雖能勉強執行，猶不能禁人民之私定價格。今自秩序恢復以後，政府的威力大不如前，更雖強制執行。而且政府的財政困難，威信掃地，也無餘力爲人民調濟不平。因此政府就將禁令取消，除穀物以外薪許自由售賣，又准許外國人運輸出入的自由，人民的生活才漸漸活動了。

恐怖時代的財政非常紊亂，政府的歲入僅仰伏於沒收財產與濫發紙幣兩途，正當的租稅收入甚少。恐怖時代告終後，新政府也別無整理的良策，依舊仰賴濫發紙幣以救一時之急，以致紙幣價格非常低落。因爲紙幣價格的低落，以致社會上罪惡日多，往往有借人的債而以票面額相同的紙幣代還之者。政府爲救弊起見，特規定凡親族間財產之授受不得使用紙幣，但是自己發行紙幣又自己限制他的用途，未免有點矛盾了。紙幣旣然低落，現金的價值自然日日增高，多數人多貯蓄現金以待漲價，因此流通的現金更爲缺乏，甚至有以物品代現金的。因爲財政的紊亂，以致一般官吏生活困難，不得不貪贓枉法以維生計，因此一般道德甚爲墮落。又因財政困難影響軍事補充的緣故，對外戰爭甚爲困難，因此平和論漸行，議會中持此議者不少，後來對普魯士與西班牙之講和，皆由此而起。但當時主戰黨仍甚占勢力，其理由：第一爲戰勝之後可以得多數賠償金以救濟財政；第二可以擴張領土；第三可以在國境周圍創立多數小共和國以揚國威。獨立黨的全體及忒米刀爾黨的一部、舊甲哥班殘黨的全部及溫和派中舊吉隆丹黨議和皆屬主戰派。

第二十四章　王黨恢復運動的失敗

因爲財政紊亂的結果，社會上投機和賭博的風氣大興，暴富之家不少。這些人多希望政治狀況固定以保持他們的財產，以他們的常識判斷起來，共和政治變化多端，總不如舊日專制政治之穩固，故一時歌頌王政的空氣頗盛。再如僧侶們也很希望王政的恢復他們在恐怖時代備受壓迫，至恐怖政治推倒後雖信仰已得自由，但沒收的寺院財產終不能發還，且在體面上也遠不如從前王政時代的尊嚴，因此他們也多主張恢復王政。外面的王黨趁此機會，陰謀日亟。自路易十六死後，王黨擁護的目標爲太子小路易，即所謂路易十七世者。太子生於一七八五年三月，一七九二年八月他年甫七歲卽隨其父母被捕入獄，一七九三年他母親被刑後，他的境遇更可憐了。像這樣的一個伶仃孤苦的孤兒，竟爲各方面視作奇貨，不但王黨想擁護他，就是君主立憲派也想擁之作立憲的君主，甚至共和派中也有人主張擁路易十七爲虛位的大總統，而樹立共和政治。路易十七的身價雖然這樣高貴，但是本身的待遇却非常可憐。自離開他母親之後，仍繫於獄中，而委其保護的責任於一靴工西門（Simon）之手，西門是極端殘忍卑劣的甲哥班黨員，以爲太子是罪孽深重的王族之子孫，故特意加以凌辱，並教以卑劣的種種習慣。太子本來生得身體衰弱，經此人的種種的打罵挫折，竟弄得奄奄一息，有人說西門的種種暴舉都是公安委員會的授意，蓋公安委員會視太子爲眼中之釘，必欲拔去之始爲快。太子因身體衰弱之極，對於西門的種種叱打只有守沈默之一法，絲毫不敢反抗。到一七九四年一月，西門被選爲市議員，公務多忙，遂無暇監守太子，後於忒米刀爾革命之際，西門也被殺於斷頭台上。在他未死以前，太子被閉於一小牢之中，一日一回由戶隙傳入食物，夜中三、四回派人來查看。衣服多日不換，大小便也在就地，如蟲豸一般生活者凡六個月之久。忒米刀爾革命之後，政府新派勞倫 (Laurent) 爲太子監理人，他初入獄之時，劈頭一種惡臭撲鼻，在污濁的一隅裏，太子蜷伏其中，顏色儼如死人，手足皆腫，背已彎曲，頭和身體都已出膿生蟲，衣服之破碎自不必說。勞倫見此慘狀不禁酸鼻，乃訴之國會請與以清潔之臥床，許其沐浴，但國會仍然頑强不許其移入他室。蓋國會始終希望太子的夭折俾勤王派可以冷心，故特意對於他的病狀不予調理。至一七九五年六月八日遂因病重去世，有人疑爲毒殺，但不能證明。

太子的死，對於王黨爲一大打擊，蓋太子不死，則王黨與溫和進步黨之間猶有調和的媒介，今則失其中介物了。路易十六之弟布羅溫斯伯爵早已出亡在外，一聞其姪之死，卽自稱爲路易十八，並於一七九五年七月發表宣言。其宣言大致主張恢復舊日光榮的王政，仍保存十五世紀以來的種種制度，再興宗教，掃除無政府的亂暴狀態。這個宣言一發表，無寧表示路易十八的仍舊夢想昔日君主專制的政治，失去溫和立憲派的同情，於復辟暴動大爲不利。並且利用外力以圖恢復勢力，是法蘭西人所大忌的，更難望得人擁護。加以國內的新興地主恐怕舊制一恢復，他們的土地將被貴族奪去，一般人民也憂慮貴族、僧侶的再行跋扈，因此王黨受了打擊，進行甚爲困難。

但是王黨的運動仍不停止，文德 (La Uendée)、布爾達尼 (Bretagne) 二省早已因徵發兵士及壓迫僧侶之故起而獨立，以勤王運動爲號召。後經國會採取寬大手段，於一七九四年十二月一日發布大赦令，許其不究既往，始行降伏。但降伏之後因新舊派感情之不洽及兵民衝突等事，又有復行煽動之勢。幸留守將軍荷希 (Hoche) 處置得宜，於五月二十五日將王黨主謀苛馬丁 (Cormartin) 等八人拘捕，並發宣言，凡私藏武器者加以嚴罰，安分守己者予以保護，亂機始平。

其時又有伯爵普撒希 (Comte de Puisage) 者，原爲立憲國民議會的議員，是一個比較通達時務的人物，他曾遊說英相闢德贊助王黨的恢復運動。闢德原來對於一般王黨的庸妄思想甚爲輕視，但普撒希的主張較爲妥適，故易動闢德之聽。他以爲若借外國兵攻入法境，則易惹法國人民的反對，得不償失，因此他勸英國政府但以經濟及武器貸給反叛黨的領袖，以軍艦輸送叛黨並掩護其上陸，所用之兵止以法國逃亡在外的人爲限。闢德對此說贊同，允助其返國。適布爾達尼的事變發作，普撒希以爲機不可失，因助闢德以軍艦八隻，組織三千五百人的初發隊，自伯爵代維利 (Comte d' Hervilly) 以下都屬之。但征途方始，即發生統帥之爭。普撒希本來以統帥自居，但代維利不肯服從他的命令，文德市叛黨領袖謝雷特 (Charette) 也不肯居他人之下。且當同王黨大多數係愚昧無識的人物，多不喜普撒希的較新思想，甚或詈之爲與羅拔士比同流的人物。王黨們內部如此紛爭不已，因此軍機遲滯，不能深入。法軍主將荷希乘此機會，攻虛蹈瑕，將王黨軍上陸的根據地魁白龍 (Quiberon) 攻破，黨軍並布爾達尼人民被捕虜者至六千二百人，僅餘千二百人乘英國軍船而逃。戰後荷希本欲採取寬大的處置，但因在軍中的國會代表達利安主張强硬，遂將多數捕虜殺却。因此引起文德、布爾達尼兩地農民之憤怒，乘此機會謝雷特得英國軍器粮食的援助，遂又復起。皇弟亞爾特亞伯[1]也率兵一萬五千人

---

[1] “伯”當作“伯爵”。——編者註

返國。無奈亞爾特亞伯爵賦性怯懦，謬執持重之說不敢上陸，一方面路易十八也忌妬他兄弟的成功，恐怕有損他的聲望，因此强令他們回兵。此事過後，王黨的運動遂一蹶不振，再無復起之望。國內的溫和黨也看破王黨的思想固陋、怯懦無能，不肯與之携手了。

第二十五章　新憲法與總裁政治

一七九三年的憲法在恐怖時代久未實行，忒米刀爾革命後曾催促其實行，但多數議員不喜此憲法，故意加以延擱。最初藉口實行憲法起見，另選委員製定實行的法律。委員選舉的本意是想將憲法加以修改，但當時因甲哥班黨尚有勢力，故不敢提出。到暴民們完全壓伏之後，遂公然宣布一七九三年的憲法諸多不備，應當別作新案。共和三年收穫月五日卽一七九五年六月二十三日向國會提出報告。國會對此並無爭議，於八月二十二日全部議竣。又將憲法付之國民投票，得了多數，於共和四年葡萄酒月一日，卽一七九五年九月二十三日起實行，這就是改訂的一七九五年的新憲法。

新憲法全部共分三百七十五條，大體採溫和的革命主義。第一，廢普通選舉而代以階級選舉，這是全部最要之點。卽議員的選舉分爲二重手續，先於初選會中由出席人選出地方裁判官、地方吏員，及覆選選舉會議員。凡出席初選會者、其資格必須年齡在二十一歲以上，一地方的特別名册上有姓名，曾在共和國內居住一年，直接向政府納稅或至少曾向政府繳納與農業的勞力三日間的賃錢相當的款額者。凡在地方特別名册記名者必須有一定的職業，且共和十二年以後有讀書之能力者。凡能出席初選會者，謂之能動公民，除此以外皆謂之被動公民。凡當選之覆選會議員，其資格須年齡在二十五歲以上，歲入有與該地價格二百日以上之勞働賃金相當或居住與百五十日勞働賃金相當收入之市中家屋或二百日間勞働賃金相當之田舍者。覆選當選人有選舉兩個立法院議員的權利。

立法部分爲上、下兩院。上院謂之元老院 (Le Conseil des Anciens)，議員數共二百五千人，資格限四十歲以上之已婚者。下院謂之五百人會 (Le Conseil des Cinq Cents)，議員數共五百人，資格限三十歲以上，餘無其他的限制。法案提出之權僅限於下議院，上議院及政府皆無此權。議案經下院通過後再送上院以完成法律手續。若上院否決之後，一年內不得將該案再提出，但可將其中一部更爲提出。上院對於議案不但可定可否，且有修正之權。兩院得在同所開會，但不能在同一議場，行政部非經立法部的請求不得在其近傍六邁羅邁當內駐紮軍隊。立法部議事公開，但傍聽者人數不得超過議員半數以上。議長及書記每月交代選舉。凡議事以起立爲表決，有疑問者舉行秘密投票。得設立委員會，但不得爲永續的。下議院中除緊急問題外，其餘議案必須經過三讀手續，各讀會相距之時間不得在十日以內。各議員每年得與小麥三千米利格羅姆 (Myriagram) 代價相當之報酬。議員不得因其言論之故受裁判或被捕。

這種兩院式的英國議會制度，本是米拉波等穩健派所一向主張的，不過國民議會之中多空想家，以模倣英吉利爲可恥，懷抱自開新例的虛榮心。且以上院爲階級制度的遺傳物，反乎平等主義，而認一院制爲民主主義的本質，故始終主張一院主義。現在經過羅拔士比的暴政以後，大家又誤認一院制易於產生獨裁者，故二院論遂復占優勝。但法新憲法中上下院議員的資格無甚區別，故上院冷靜，下院感情之互相調和的好處都不見了。

行政部設五人的總裁，其資格須在四十歲以上，由立法部任命。先由下議院秘密選出照總裁定額之十倍人數，再由上議院於此五十人中秘密選出五人。每年抽籤一次，被抽出之總裁卽辭職至五年滿再重新改選。總裁與立法部同市住，其住宅費由政府供給，每年薪金與小麥五萬米利格羅姆之數相當。隨從步兵百二十名，騎兵百二十名爲衞隊。總裁穿特定的衣服，出入俱不許脫。總裁中互推議長一人，三月一交替。總裁不能直接處理行政事務，須任命六人至八人之大臣處理之，但總裁得召集大臣會議。總裁有發佈法律，指揮軍隊，對陰謀叛國罪犯發逮捕狀，任命大小官吏等權。在戰爭期間，有指揮殖民地之權。對外握外交之全權，簽押條約，但須經立法部之批准。關於財政方面特設國庫管理委員五人，負管理國有財產之責，並掌其支出。總裁不得自將軍隊。政府內官吏之數均較前減少。

此次新憲法與一七九一年的憲法比較大不相同。一七九一年的憲法毗於理想，因爲懲於已往政府的專制，故專以削弱政府權力爲目的。其結果行政部受立法部之限制過深，終至完全仰給於國會各委員會的鼻息之下。一七九五年的憲法懲於此弊，乃務求立法、行政之互相牽制，結果彼此之間無妥善聯絡之法，行政部的權力依然較强。關於立法部議員的選舉，從前國民議會時代，曾禁止舊議員當選，結果新舊不相銜接，政局因之急遽變化。現在懲於此弊，規定用抽籤方法，只改選議員三分之一，其餘三分之二照舊，以防政局的急變。要之一七九一年的憲法趨於理想，一七九五年之憲法比較的毗於實際，但關於政治的公開，宗教的自由，逃亡者的赦免等當前必要的問題却兩者都不曾顧及。

新憲法及選舉法旣經定出，自當進而實行。原來國會所以規定立法部議員祇能改選三分之一者，雖云爲懲舊日完全禁止再當選之弊，其實因爲當時國會議員在民間已久失人望，大家多望有新人物出來改換局面，恐一經改選，溫和黨將漸得勢，舊國會議員無從立足，因此始不顧輿論的反對，爲此保全地位之規定。果然憲法公佈之後，巴黎市即起反對之聲，王黨乘之大爲活動。國會爲防備萬一起見，將地方軍隊漸次内調，並組織細民的隊伍，以資保護。但地方人民對於漸次改造國會的辦法尙表同情，因以軍力贊助國會，結果憲法及新選舉法得經大多數通過實行。但巴黎人民反對日烈，至十月三日遂有暴動之勢。但這次暴動與從前的暴動不同，以富人爲主動，手下有護國兵三萬人，其中堅卽金箔附青年。政府知此消息，急遽召集軍隊，以爲抵禦。奈當時軍隊士官多已厭於内戰，不願參加，大將米農 (Mènon）並謝絕任細民隊之指揮。十月四日，他率兵至叛黨盤踞的拉普替爾區 (Lapeltiter)，命令叛黨解散，叛黨不從，逕向國會進攻。時國會僅有軍隊四千人，細民隊千五百人，防禦甚爲困難，一時未免稍挫，故叛軍頗爲欣幸，徹夜歡會慶祝勝利，但國會方面經巴拉連夜奔走之結果，士氣復振。十月五日早晨，將米農罷免，以巴拉代之。巴拉因不甚知兵，遂召青年士官拿破崙補拿帕脫而委以全責。

拿破崙受命之後，向米農略詢以敵之狀況後，直命部將率騎兵三百人赴撒波隆 (Sablon) 取大砲四十門歸，時叛軍也派兵向撒波隆去取砲，經官軍擊敗，取砲而歸。拿破崙將這四十門大砲分布於國會附近適宜的處所，頃刻之間便變成一座堅固的堡壘，且與議員七百人以武器，使爲預備隊，形勢更爲穩固。叛軍本無鬥志，起初衹想以聲勢威嚇國會使其解散，至是見守備嚴固，轉生畏意。乃於午後派人到國會提出議會條件議和。其所提條件本無甚與國會衝突之處，僅有解散細民隊一條，國會議員對此有主張同意者，但因大多數堅決不主退讓，且有細民隊之威嚇。故終於拒絕其條件，非叛徒捨棄武器不能議和。其時叛軍已逐漸接近國會，兩方兵士已能彼此談話。不知何處鎗聲一放，兩軍遂起衝突。叛軍一遇官軍的砲火，卽行潰走。拿破崙又命開大砲向空示威，叛軍遂奔逃四散，至次日早晨市中要害已全爲官軍所占，亂事遂平。雙方死傷各二百人以上。事後國會取寬大主義，僅將首魁二人處刑，其餘概置不問。

十月二十六日，國會閉幕，次日卽召集新議會。新選出的議員多數爲溫和共和黨，立憲君主黨及王黨次之。舊國會議員之重選者也以溫和黨居多。當時地方選出的議員尙多未來巴黎，舊國會議員欲趁機把持政權，乃赶緊抽籤成立元老院。卽於四十歲以上的已婚議員之中，新選者抽出八十三人，舊國會議員抽出百六十七人，合成二百五十人之數，成立上議院。下餘以及後來的議員，皆爲下議員。

舊國會議員更趁新當選議員未到之際，豫先協定總裁的人選，結果通過以鳩斯、呂伯爾 (Rewbell)、巴拉、拉呂維来 (La Révellier)、勒提紐 (Letourneur) 五人爲豫選總裁。但依憲法本應由下議院選出五十個候補人，再由上議院從中擇選五人，上議院中忒米刀爾黨的反對黨多，恐所預選的五人未必能當選，乃於此用了一些手段，卽所選出五十人之中，其他四十五人盡係無名小卒，僅可爲陪襯，故此五人不得不當選，結果只有鳩斯一人辭職，而以加爾諾代之。用這樣苦肉之計，獨立黨得以與忒米刀爾黨携手而限制王黨及君憲黨之活動，其維持共和之苦心亦殊不可及。但是共和政治已到日暮途窮之境了，人心已經盼望有新偉人的出現以拯救眼前的困難，打開一個新局面了。拿破崙的出現就是由這種期望所造成的。

第二十六章　共和政治之告終與拿破崙之興起

自羅拔士比被殺，公安委員會廢止後，國會及總裁政府遠不似從前之强悍有爲，因此對外戰爭一時陷於不振之地位。總裁政府鑒於國勢之危險，乃奮然發遣三軍，向外侵略，二軍向德意志攻入，其他一軍則由拿破崙率領向意大利進發。意大利這一軍本是牽制的作用，真正主力軍隊還在德意志方面，不料拿破崙以非凡的天才，率領貧薄的軍隊，不顧萬難，渡過阿爾卑斯山（Alps）的重險，長驅將奧地利的軍隊擊破。終於一七九七年十月十七日與奧軍締結康波佛米（Campo Formio）條約，法蘭西的領土大爲擴張，國威大爲澎漲。從此拿破崙遂成爲國人崇拜的中心了。

法蘭西的軍隊本是革命的產兒，革命之初，貴族將校多逃亡於國外，軍隊紀律中自由平等論之毒未免紊亂。加以當時軍隊自行選舉士官，軍事稍爲失敗，將官卽爲士卒疑爲賣國，付諸裁判，不管證據之充分與否，卽付死刑，而另行選舉新將官，這樣情形，軍隊當然不能統一而有力。但自加爾諾出來後，軍隊紀律大爲整頓，在數量上，在性質上，法蘭西軍隊都可算爲歐洲第一的軍隊。在戰術上則一脫從來複雜的形式而改用簡單敏活的戰略，所向無敵。法蘭西革命的危險不啻爲軍隊所救出。卽如拿破崙當遠征意大利之際，亦時時在軍中決議爲總裁政府聲援。在這種情勢之下，軍隊的勢力一天澎漲一天，自然是一定的道理了。

這種軍隊勢力澎漲的結果，其惟一的產兒便是拿坡崙[1]。拿坡崙的出現恰好趕到法蘭西國民次第飽嘗總裁政府的無能，而要求刷新機會的時候。拿坡崙利用這種國民的心理，遂於一七九九年十一月九日不意用兵力將上、下兩院解散，改造新憲法，設立三個總統，而自任第一總統。以其絕頂的天才，發揚法蘭西的國威於境外，內則爲百般的進步改良，恢復安寧秩序，發達國民產業。在他的獨裁政治之下，革命的第一叫聲“自由”被壓抑了，而革命的第二叫聲“平等”却達到了，從前的階級制度之弊害至此一掃而除。疲於革命的法蘭西人民，對於這種進步的改革自然表示歡迎，因此拿坡崙遂在人民歡迎之下，於一八〇四年五月十八日被推爲法蘭西大皇帝。直到一八一三年始以窮兵黷武之結果而失敗。

以後這些事件都在拿坡崙的個人傳紀之中，本書所叙法蘭西大革命的史迹至此已算完了。總括起來說，法蘭西的大革命始於王政的壓迫與貴族僧侶的跋扈，最初人民僅要求恩賜的些微改革而已，這種改革得不到，才激而成爲具體的革命運動。由君主立憲變而爲虛君共和，由虛君共和變而爲國會政治，由國會政治變爲恐怖政治，由恐怖政治變而爲總裁政治，由總裁政治復變而爲拿破崙的獨裁政治。像走馬燈一樣，法蘭西大革命在十年之中將一切政體都匆匆地演了一遍，但實際上已是進步了。

❶“拿坡倫”均為前文“拿破崙”。——編者註

附　法蘭西大革命年表

一七七四年	
五月十日	路易十五死，路易十六卽位，毛爾波爲首相。
八月二十四日	翟爾谷任財政部長。
一七七六年	
五月十二日	翟爾谷免職，初以庫利尼 (Cugny do Nui), 繼以芮克代之。
七月四日	北美合衆國發表獨立宣言。
一七八一年	
五月十九日	芮克免職。
十一月廿一日	毛爾波死。
一七八三年	
一月二十日	凡爾賽和平會議，承認北美合衆國之獨立。
十一月三日	加倫組織內閣。
一七八七年	
二月二十二日	召集名流會議。
四月八日	加倫免職，布利因代之。
五月二十五日	名流會議解散。巴黎最高法院拒絕登記布利因之法令。
八月六日	王以正義敕 (Lit de Justice) 壓迫最高法院。
八月十五日	放逐最高法院議員。
九月三十日	召還最高法院議員，王與最高法院繼續爭議。
一七八八年	
八月八日	王以勒令決定來年五月召集三級會議。
八月十六日	政府瀕於破產。
八月二十五日	布利因免職，芮克再掌財政。
十二月六日、十二月十二日	再召集名流會議。
一七八九年	
五月四日	三級會議集合大遊行。
六月二十日	三級會議爭論合并問題不決。
六月十六日	第三級斷然成立，翌日改稱“國民議會”。
六月二十日	網球場誓約。
六月二十三日	王親臨會議，第三級之全勝，實行三級合并之決議。
七月十一日	芮克免職，翌日巴黎暴動。
七月十四日	巴斯的獄的陷落。
七月十七日	王返巴黎。

七月—八月	各地農民之叛亂。
八月四日	議會議決廢止封建的特權。
十月一日	王室近衛兵於凡爾賽宮歡迎宴將上三色章蹂躪。
十月五日	巴黎細民及婦女襲圍凡爾賽，王室及議會遷於巴黎。
一七九〇年	
二月四日	王親臨議會。
六月	法蘭西全國聯盟之進行。
七月十二日	巴黎全市熱中於聖討馬爾聯盟紀念祭。
七月十四日	聯盟紀念祭。
九月三日	芮克辭職去法。
一七九一年	
四月二日	米拉波死。
四月四日	米拉波之葬儀舉行。
四月十八日	王赴聖苦魯 (Saint Cloud) 宮殿祭祀途中爲民衆侮辱。
六月二十日	王全家逃出巴黎被獲。
七月十七日	聖討馬爾之“虐殺”。
八月二十七日	奥帝、普王會於匹爾尼次，對法發表宣言。
九月三十日	立憲國民議會解散。
十月一日	立法國民議會開會。
十月十六日	亞威農等地起騷亂。
一七九二年	
三月	吉隆丹黨內閣成立。
四月二十日	對外宣戰。
四月二十九日	里爾起騷亂，將軍狄雍爲部下所殺。
四月三十日	畢隆之軍隊敗於門司。
六月十二日	吉隆丹黨內閣瓦解。
六月十九日	王對於處分不宣誓之僧侶及聯盟兵駐屯巴黎二決議不同意，行使其中止權。
六月二十日	巴黎暴民迫襲王宮，發生國王侮辱事件。
六月二十八日	拉法夷脫來巴黎。
六月三十日	拉法夷脫去巴黎。
七月六日	巴黎市長柏其翁免職。
七月十一日	“祖國危險了”之宣言。
七月十四日	聯盟祭。
七月二十五日	布倫瑞克公宣言。
七月三十日	馬賽隊與國民衛兵衝突。
八月九、十日	中央執行委員會獨占巴黎市政。國民衛兵總司令孟達被殺。
八月十日	民衆襲擊王宮。議會宣布停止王權，法蘭西王政顛覆。
八月十、十二日	吉隆丹黨組織新內閣，丹頓爲司法部長。
八月十三日	王族幽閉於丹博爾監獄。

八月二十三日	魯維開城。
九月二—六日	九月屠殺事件。
九月二日	不倫瑞克公取凡爾登。
九月二十日	瓦爾邁之戰。
九月二十一日	憲法制定國會開會。
九月二十二日	共和政治宣言。
十一月六日	揭姆普之戰，楮牟利大破奧軍。
十一月十九日	國會提議援助各國之廢棄專制政治運動。
十二月十一日	前王路易審問開始。
一七九三年	
一月二十一日	路易死刑。
二月一日	法英開戰。
二月二十四日	國民大徵發之決議。
三月七日	法班開戰。
三月十八日	奧、法兩軍戰於開特河附近之尼文登 (Neerwinden), 法軍敗績。
三月二十五日	公安委員會之設置。
四月四日	楮牟利奔奧國。
五月三十一日	謀叛委員會成立，吉隆丹派十二委員會廢止。
六月二日	叛亂起事，吉隆丹黨議員被流放，恐怖政治開始。
七月十三日	馬拉被暗殺。
七月二十五日	梅因陷落。
七月二十八日	威倫新奴陷落。
八月二十九日	英軍佔領西龍。
九月十七日	制定嫌疑犯檢舉法。
十月七日	國會軍取里昂。
十月十六日	前王后死刑。
十月三十一日	吉隆丹黨名士死刑。
十一月一日	眞理崇拜儀式之舉行。
十二月十九日	西龍由英軍之手奪還。
一七九四年	
三月二十四日	過激派首領葉伯爾被捕。
三月二十四日	葉伯爾死刑。
四月五日	丹頓派之處刑。
六月一日	法海軍爲英海軍擊敗於不來斯特。
六月八日	舉行最高存在之崇拜儀式。
七月二十七日	羅拔士比失敗，恐怖政治終了。
十一月十二日	封閉甲哥班俱樂部。
十二月八日	吉隆丹黨議員七十三名復歸國會。
一七九五年	
一月	法軍征服荷蘭。

四月一日	暴徒對國會叛亂失敗。
四月五日	法普講和，訂巴爾條約。
五月二十日	對國會第二次之叛亂失敗。
六月九日	前王太子路易十七死。
七月十日	法班講和。
九月二十三日	發表總裁政治宣言。
十月五日	對國會最後之叛亂失敗。
十月二十六日	國民公會解散。

（完）

編後記

常乃悳（1898~1947），原名乃瑛，字燕生，筆名凡民、平生、萍之、惠之等。山西榆次人。父親常運藻曾任清朝詹事府主簿、河南商城知縣等。常乃悳天資聰穎，才智過人，“幼時有神童之譽”，14 歲時“對於經史之學已漸有根底”。1916 年，名列山西全省中學生國文會考第一，得“山西狀元”之名，考入北京高等師範學校（北京師大前身）史地部預科。新文化運動興起後，他積極投入反封建、爭取民主和科學的鬥爭，經常向《新青年》投稿，與陳獨秀、胡適等討論打倒孔家店和提倡白話文等問題。“五四”運動爆發後，他參加北京學生聯合會，被選為教育組主任，並任該會主辦的《國民雜誌》編輯。1920 年，與徐名鴻、周予同等創辦《平民教育》雜誌，提倡平民教育。北京高師畢業後，他曾短暫留學日本，後任北京高師附中、上海吳淞公學教師和上海商務印書館編譯室編輯。1925 年任燕京大學教授，發表多篇提倡平民教育的文章，參加了魯迅主辦的《莽原》週刊的編輯工作。“九一八”事變爆發時，他曾親往北京中山公園講演，宣傳抗日。1933 年他“銜命回晉聯閻（錫山），入其幕中，居機要秘書之位”（曾琦語），兼任山西大學、山西教育學院教授。“七七”事變後，赴重慶，任四川大學、華西大學教授等。1947 年病故。

常乃悳又是一位歷史學家、教育思想家、哲學家。他的治學內容除歷史、教育、哲學之外，還包括社會學、文學、佛學等領域，另外在詩詞的寫作上也頗有功底，可謂學識淵博。他的著述，除大量論文以外，還有專著近20種，可以說是“著作等身”。歷史學著述有《中華民族小史》《中國文化小史》《中國思想小史》《中國政治制度史》《西方文化史》《文藝復興史》《法蘭西大革命史》《德國發達簡史》等，內容涉及中外古今的政治和文化，可謂貫通中外，融匯古今；關於教育方面的著述，主要集在《全民教育論發凡》一書；哲學著作，主要有《哲學的有機論》《歷史哲學論叢》《生物史觀與社會》等。

任教期間，常乃悳“專編些而已供大學生或者高級中學學生閱讀的與歷史有關的——尤其是中國史的參考書，不避淺陋，不怕平凡，但求與實際有益”，同樣也有三部世界史（《法蘭西大革命史》《西洋文化簡史》和《文藝復興小史》）的相關著作問世，作為教學和自學的參考。在這些著作中，作者注重對世界史定義的介紹和事件原因的剖析，並且把國外學者的不同看法介紹到中國來，以開拓學生的視野。

1789年法國爆發的資產階級革命——法國大革命是資產階級革命時代規模最大、最徹底的資產階級革命，它摧毀了法國的封建專制制度，震撼了整個歐洲大陸的封建制度並給以沉重打擊，建立起資產階級的政治統治，促進了資本主義經濟的發展，傳播了資本主義自由民主的進步思想，為此後的各國革命樹立了榜樣。對於法國大革命的爆發，常氏注重經濟原因的考察，認為大革命爆發的直接原因，“乃是由於當時極端困難的財政問題。因為當時租稅的不平均，產業的落後，政府收入當然不能增加。而支出方面則因文明進步及國際關係複雜之結果，不得不較前增加。加以路易十四以來多年的戰爭，弄得民窮財盡，宮廷的浪費及恩賜年金之濫支，財政越發失了常規。因此感到根本整理財政之必要，而社會革新的氣運也隨之而起”。

此次出版的《法蘭西大革命史》，以1928年上海中華書局新文化叢書版為底本進行整理。需向讀者說明：一，對原文中個別明顯或懷疑錯訛之處，進行必要修改或標注，並以“編者註”的形式加以說明。二，書稿中有大量法文字母，本次整理出版，嚴格按照民國版本形式呈現。三，民國時代的文字語言處於激烈變化之中，本書存在當時的白話書面語現象，如“計畫”“動章”“貫澈”等，爲保持原貌，并未改動。四，作者限於階級視野，對起義民眾有稱爲“暴民”“賤民”者，應請讀者注意。另外，共專有名詞釋名與今有所區別，亦保持原貌。限於整理者水準，錯漏不當之處在所難免，誠望讀者批評指正。

劉　江

2014 年 4 月

《民國文存》第一輯書目

紅樓夢附集十二種	徐復初
萬國博覽會遊記	屠坤華
國學必讀（上）	錢基博
國學必讀（下）	錢基博
中國寓言與神話	胡懷琛
文選學	駱鴻凱
中國書史	查猛濟、陳彬龢
林紓筆記及選評兩種	林紓
程伊川年譜	姚名達
左宗棠家書	許嘯天句讀、胡翼雲校閱
積微居文錄	楊樹達
中國文字與書法	陳彬龢
中國六大文豪	謝無量
中國學術大綱	蔡尚思
中國僧伽之詩生活	張長弓
中國近三百年哲學史	蔣維喬
段硯齋雜文	沈兼士
清代學者整理舊學之總成績	梁啟超
墨子綜釋	支偉成
讀淮南子	盧錫烴

國外考察記兩種	傅芸子、程硯秋
古文筆法百篇	胡懷琛
中國文學史	劉大白
紅樓夢研究兩種	李辰冬、壽鵬飛
閒話上海	馬健行
老學蛻語	范禕
中國文學史	林傳甲
墨子閒詁箋	張純一
中國國文法	吴瀛
《四書》《周易》解題及其讀法	錢基博
老莊研究兩種	陳柱、顧實
清初五大師集（卷一）・黃梨洲集	許嘯天整理
清初五大師集（卷二）・顧亭林集	許嘯天整理
清初五大師集（卷三）・王船山集	許嘯天整理
清初五大師集（卷四）・朱舜水集	許嘯天整理
清初五大師集（卷五）・顏習齋集	許嘯天整理
文學論	[日]夏目漱石著、張我軍譯
經學史論	[日]本田成之著、江俠庵譯
經史子集要略	羅止園
古代詩詞研究三種	胡樸安、賀楊靈、徐珂
古代文學研究三種	張西堂、羅常培、呂思勉
巴拿馬太平洋萬國博覽會要覽	李宣龔
國史通略	張震南
先秦經濟思想史二種	甘乃光、熊簍
三國晉初史略	王鍾麒
清史講義（上）	汪榮寶、許國英
清史講義（下）	汪榮寶、許國英

清史要略	陳懷
中國近百年史要	陳懷
中國近百年史	孟世傑
中國近世史	魏野疇
中國歷代黨爭史	王桐齡
古書源流（上）	李繼煌
古書源流（下）	李繼煌
史學叢書	呂思勉
中華幣制史（上）	張家驤
中華幣制史（下）	張家驤
中國貨幣史研究二種	徐滄水、章宗元
歷代屯田考（上）	張君約
歷代屯田考（下）	張君約
東方研究史	莫東寅
西洋教育思想史（上）	蔣徑三
西洋教育思想史（下）	蔣徑三
人生哲學	杜亞泉
佛學綱要	蔣維喬
國學問答	黃筱蘭、張景博
社會學綱要	馮品蘭
韓非子研究	王世琯
中國哲學史綱要	舒新城
中國古代政治哲學批判	李麥麥
教育心理學	朱兆萃
陸王哲學探微	胡哲敷
認識論入門	羅鴻詔
儒哲學案合編	曹恭翊

荀子哲學綱要	劉子静
中國戲劇概評	培良
中國哲學史（上）	趙蘭坪
中國哲學史（中）	趙蘭坪
中國哲學史（下）	趙蘭坪
嘉靖禦倭江浙主客軍考	黎光明
《佛遊天竺記》考釋	岑仲勉
法蘭西大革命史	常乃悳
德國史兩種	道森、常乃悳
中國最近三十年史	陳功甫
近百年外交失敗史（1840~1928）	徐國楨
最近中國三十年外交史	劉彦
日俄戰爭史	吕思勉、郭斌佳、陳功甫
老子概論	許嘯天
被侵害之中國	劉彦
日本侵華史兩種	曹伯韓、汪馥泉
馮承鈞譯著兩種	伯希和、色伽蘭
金石目録兩種	李根源、張江裁、許道令
晚清中俄外交兩例	常乃悳、威德、陳勛仲
美國獨立建國	商務印書館編譯所、宋桂煌
不平等條約的研究	張廷灝、高爾松
中外文化小史	常乃悳、梁冰弦
中外工業史兩種	陳家錕、林子英、劉秉麟
中國鐵道史（上）	謝彬
中國鐵道史（下）	謝彬
中國之儲蓄銀行史（上）	王志莘
中國之儲蓄銀行史（下）	王志莘

史學史三種	羅元鯤、呂思勉、何炳松
近世歐洲史（上）	何炳松
近世歐洲史（下）	何炳松
西洋教育史大綱（上）	姜琦
西洋教育史大綱（下）	姜琦
歐洲文藝雜談	張資平、華林
楊墨哲學	蔣維喬
新哲學的地理觀	錢今昔
德育原理	吳俊升
兒童心理學綱要（外一種）	艾華、高卓
哲學研究兩種	曾昭鐸、張銘鼎
洪深戲劇研究及創作兩種	洪深
社會學問題研究	鄭若谷、常乃悳
白石道人詞箋平（外一種）	陳柱、王光祈
成功之路：現代名人自述	徐悲鴻等
蘇青與張愛玲：文壇逸站	白鷗
文壇印象記	黃人影
宋元戲劇研究兩種	趙景深
上海的日報與定期刊物	胡道靜
上海新聞事業之史話	胡道靜
人物品藻錄	鄭逸梅
賽金花故事三種	杜君謀、熊佛西、夏衍
湯若望傳（第一冊）	[德]魏特著、楊丙辰譯
湯若望傳（第二冊）	[德]魏特著、楊丙辰譯
摩尼教與景教流行中國考	馮承鈞
楚詞研究兩種	謝無量、陸侃如
古書今讀法（外一種）	胡懷琛、胡朴安、胡道靜

黃仲則詩與評傳	朱建新、章衣萍
中國文學批評論文集	葉楚傖
名人演講集	許嘯天
印度童話集	徐蔚南
日本文學	謝六逸
齊如山劇學研究兩種	齊如山
俾斯麥（上）	[德]盧特維喜著、伍光建譯
俾斯麥（中）	[德]盧特維喜著、伍光建譯
俾斯麥（下）	[德]盧特維喜著、伍光建譯
中國現代藝術史	李樸園
藝術論集	李樸園
西北旅行日記	郭步陶
新聞學撮要	戈公振
隋唐時代西域人華化考	何健民
中國近代戲曲史	鄭震
詩經學與詞學 ABC	金公亮、胡雲翼
文字學與文體論 ABC	胡朴安、顧藎丞
目錄學	姚名達
唐宋散文選	葉楚傖
三國晉南北朝文選	葉楚傖
論德國民族性	[德]黎耳著，楊丙辰譯
梁任公語粹	許嘯天選輯
中國先哲人性論	江恆源
青年修養	曹伯韓
青年學習兩種	曹伯韓
青年教育兩種	陸費逵、舒新城
過度時代之思想與教育	蔣夢麟

我和教育	舒新城
社會與教育	陶孟和
國民立身訓	謝無量
讀書與寫作	李公樸
白話書信	高語罕
文章及其作法	高語罕
作文講話	章衣萍
實用修辭學	郭步陶
版本通義・古籍舉要	錢基博
中國戲劇概評	向培良
現代文學十二講	[日]昇曙夢著、汪馥泉譯